CONTEMPORANEA

COSIMO ROSSI intervista
FAUSTO BERTINOTTI

IO CI PROVO

manifestolibri

via Tomacelli 146 – Roma

ISBN 88-7285-417-2

www.manifestolibri.it
book@manifestolibri.it

coordinamento di Simona Bonsignori
grafica di Massimo De Orazi
impaginazione di Andrea Nicolò
foto di copertina di Corrado Giambalvo

INDICE

1. ON THE ROAD

2. IL CICLO VIZIOSO DEL RIFORMISMO

3. UN MONDO CHE SI RIMETTE IN MOVIMENTO

4. Si scrive governo ma non si legge potere

Appendici

1. ON THE ROAD

«Figurati che fino a cinquant'anni non ho portato la cravatta...». Oggi, invece, Fausto Bertinotti la cravatta la porta eccome, quasi sempre. Come la giacca. Tutte e due appese alla maniglia dell'auto, quando è in viaggio. Il segretario del Prc non è certo avaro di civetteria. Né si perita a sfilarsi i mocassini risalendo in macchina per un notturno viaggio di rientro in città.

«Io sto sempre con la parte progressiva del capitale rispetto ai *rentier*», risponde a un autorevole leader della coalizione che in aeroporto lo interroga polemico sulla posizione critica presa a proposito della giostra di scalate, opa, compravendite azionarie e *cotillon* che hanno animato i sacrari del capitalismo nostrano: «Ci sono casi in cui bisogna saper scegliere», chiosa sussurrando.

«Un uovo non è mica capace di cucinarselo», confida lo staff alle sue spalle. Se invece gli portano il caffè, rassetta la tavola per riflesso condizionato, come se ce l'avessero educato in collegio.

PRIMARIE. CIOÈ VOTARE

Fausto Bertinotti, classe 1940, Sesto San Giovanni. Una vita nel sindacato. Una militanza politica cominciata nel Psi, poi nel Psiup e dal 1972 nel Pci fino allo scioglimento. Nel «gorgo» pidiessino fino al 1994 e da allora segretario di Rifondazione comunista.
Protagonista nel '98 della clamorosa rottura con il governo Prodi e oggi invece coprotagonista della sfida di governo dell'Unione. Ma proprio a cominciare da un nuovo e diverso duello con il professore per la scelta del candidato presidente del consiglio che tuttavia tutti identificano sempre in Prodi. E allora, queste votazioni non sono un po' un esercizio di vanità che supplisce alla politica? Il professore è un leader senza partito per sua stessa ammissione, che da sempre si preoccupa di consolidare la propria autorità. Bertinotti, forse, non ha altro modo per andare oltre il proprio partito...

Per quel che mi riguarda credo che, in larga misura, sia il portato di una storia e di un'esperienza. Io non riesco a diffidare mai del voto. È una cosa di fondo: ogni esercizio di scelta collettiva, ogni campagna elettorale, ogni referendum, io l'ho sempre vissuto con un grandissimo investimento. Probabilmente è il portato di un'esperienza sindacale, di una storia in cui quelli come me – collocati su una posizione di sinistra – hanno sempre battuto in breccia tutti i dubbi e le riserve delle parti storiche delle organizzazioni contro quelle forme chiamate, con un qualche sopracciglio alzato, «referendarie». Si voleva che la democrazia partecipata fosse quella in cui i corpi intermedi – le organizzazioni sindacali, i partiti – organizzavano la partecipazione come fenomeno collettivo, e quello dava luogo all'espressione della politica, anche per la forza del rapporto che si creava tra la decisione, così presa, e la capacità di mobilitazione e di lotta. Io ho militato molto in questa vicenda, ma sempre con un piede fuori: con un piede rivolto anche al fatto che bisognava consentire che il singolo lavoratore, la singola lavoratrice dicessero la loro. Ricordo quando discutevamo a proposito del referendum sul contratto: c'era un'obiezione di destra e una di sinistra. Quella di destra è arcinota: si diceva «Il sindacato è un luogo di associazione che ha una delega contrattuale, dunque decidono i soci». Poi c'era l'obiezione di sinistra che diceva: «Vabbé, ma tu fai votare anche i crumiri! Decide la platea militante».

Invece il sindacalista Bertinotti che diceva?

Noi – perché parlo di una storia che è il sindacato torinese, la Fiom, ma anche la Fim – ci battevamo, invece, per dire «No, no, referendum per tutte e tutti. Perché? Perché noi dobbiamo avere un investimento di fiducia nella popolazione lavorativa, non possiamo selezionare». Lo dico perché, probabilmente, mi è rimasto un riflesso condizionato, tant'è che fui – e sono – sempre molto, molto favorevole ai referendum, anche nelle campagne radicali; l'obiezione di una parte della sinistra e del movimento operaio contro i referendum dei radicali non l'ho mai capita: sono sempre stato referendario.

Naturalmente, c'è anche una componente culturale. Io penso che la democrazia diretta sia un obiettivo da perseguire sempre: tutti gli spazi che si aprono verso la democrazia diretta per me sono buoni. Riconosco che, forse, qui conta molto la mia diffidenza verso la democrazia rappresentativa, il fatto che se non è integrata dalla partecipazione, se non è integrata dalla democrazia diretta, se non è integrata dalla critica del conflitto, la democrazia si riduce a un simulacro.

Quindi, dall'inizio, appena si è aperto questo spiraglio, noi ci siamo buttati…

Buttati nelle primarie…

Da subito, senza la minima incertezza, prima ancora che si discutesse delle Puglie, molto prima.

Dal settembre del 2004. Pressappoco subito dopo che Prodi, in un'intervista estiva, propose le primarie. Anzi. Allora sembrò che Prodi e Bertinotti giocassero in qualche modo di sponda sul tavolo della legittimazione reciproca dopo le ferite del 1998…

Quando si aprì la discussione nell'Unione, noi fummo da subito partigiani accaniti delle primarie. In primo luogo, ripeto, per una ragione di esperienza personale: sempre dalla parte del voto. Io non riesco proprio a concepire il voto come espressione seriale, penso sempre che tutto ciò che ti aiuta a ragionare e a mettere in rapporto pensiero e azione sia un elemento di vivificazione del rapporto tra individuo e società.

Ma in questo caso la ragione è anche politica. E non riguarda il '98. Noi abbiamo sempre pensato che il sistema maggioritario fosse una prigione, e non solo rispetto a un ragionamento generale sulla democrazia. Il maggioritario è, soprattutto, una prigione per l'Italia, per la conformazione culturale dell'Italia, per questa Italia in realtà plurale, articolata e, tuttavia, attraversata da grandi culture profonde, lunghe. Come direbbe Fernand Braudel: un paese di «grandi corsi storici», in cui ci sono sedimenti e orientamenti attivi. Io non vedo come si possa ridurlo alla democrazia digitale del sì o del no, di uno schieramento dell'alternanza. Infatti non riesce: il meccanismo sta andando in crisi perché è una camicia di forza troppo stretta, esce da tutte le parti.

Ma le primarie tutto sommato legittimano questo processo: quello del bipolarismo ma anche, più direttamente, quello della democrazia binaria, digitale come l'hai chiamata tu…

No, assolutamente. Anzi io penso il contrario. È questo l'argomento che voglio usare.

Siccome il maggioritario è così, penso che noi dobbiamo accompagnare uno sforzo di fuoriuscita: per andare – lo dico chiaramente – verso il proporzionale in un'Italia, tuttavia, di questo nuovo secolo: dei movimenti, della crisi della politica e dei partiti, della ricostruzione possibile, ma aperta, della politica. In questo processo penso che proprio le primarie siano un grimaldello nel maggioritario.

In che modo?

Siccome è l'articolazione più radicale del sistema, ne costituisce anche il giro di boa.

Una specie di nemesi...

Si parla, ad esempio, delle primarie statunitensi: non c'entra nulla, è una pura stupidaggine. Le primarie negli Stati Uniti d'America – si sa – sono una parte essenziale del sistema politico nordamericano fondato sul bipartitismo in cui le primarie sono, appunto, la competizione interna a un partito, lungamente consolidata, con tutti quegli elementi di ingresso anche violento dell'economia nella politica. Per rendersi conto che il confronto è insensato basta pensare allo sproposito necessario, in termini di dollari, per potersi candidare ragionevolmente; o al fatto che anche un candidato forte può – alla seconda, terza battuta – doversi ritirare perché non ha i fondi giganteschi necessari per proseguire.

Qui stiamo parlando di primarie in un sistema di coalizione: un maggioritario di coalizione. Ed è del tutto evidente che è lo stesso meccanismo maggioritario che tende a non accettare. Si vede. Lo si è visto e lo si vede. Ci siamo chiesti perché a settembre del 2004 se ne parlò e poi le primarie furono messe da parte? Perché invece le primarie in Italia vincono?

Perché? Rispondi tu.

Naturalmente c'è la determinazione delle forze politiche, di qualche forza politica; non solo noi, anche una parte degli ulivisti è sempre stata convinta di questa ipotesi. Gli uomini intorno a Prodi sono sempre stati molto persuasi. Ma le resistenze sono state forti e significative nella Margherita come, e forse di più, tra i Ds. Tanto che, non dico con il pretesto, ma sulla base del successo elettorale delle regionali, le primarie vennero poi cancellate. La ragione è che era molto più facile pensare a una stabilizzazione senza le primarie.

Ricongiungimento sentimentale

Cosa intendi per «stabilizzazione»?

Vorrei ricordare che quando le primarie vengono accantonate, accade in base a un assioma posto dai riformisti: quello secondo cui il timone della coalizione deve stare stabilmente nella formazione riformista: la cosiddetta Fed. Ora, invece, siamo senza formazione riformista e con le primarie. Quindi il quadro, in poco tempo, è completamente mutato. Insisto, perciò, sul mio schema. Perché le primarie si sono affacciate e perché poi sono cadute? Sono cadute – appunto – per l'opposizione interna: perché in un sistema maggioritario, con una coalizione come l'Unione che si compone di forze di centrosinistra e di sinistra, le primarie costituiscono un elemento di oggettiva dinamizzazione del quadro politico. Dunque possono scartare rispetto al dettato, scritto per convenzione politica, del più forte, in base al quale il timone sta nelle mani dei riformisti e rispetto al fatto che la scelta deve cadere su un candidato convenuto tra i grandi partiti, preferibilmente con un profilo moderato. Inutile rifugiarsi in scappatoie: le primarie sono un elemento di incertezza di questa condizione. E infatti – di nuovo – quando si fanno per la prima volta sul serio?

In Puglia, nel gennaio 2005, con la vittoria a sorpresa di Vendola. È qui che vuoi andare a parare? Sul successo del tuo apripista?

Vorrei solo che ci si interrogasse su come e perché si fanno le primarie. Forse perché c'è una scelta e un investimento da parte della coalizione? No. Si fanno perché c'è un conflitto irrisolto e, di fronte a questo, si presentano in estrema istanza le primarie proprio quando il conflitto rischia di diventare letale per la coalizione, in una vincente mossa del cavallo che restituisce vita a una coalizione altrimenti morta. Quindi si fanno in una condizione eccezionale, come *extrema ratio*. E come si fanno? Nella convinzione, non scritta ma vissuta come tale, che uno dei due candidati, cioè Nichi Vendola, parta sconfitto. Quindi – diciamo – le primarie vengono fatte dentro un quadro che, dal punto di vista del suo esito, è relativamente rassicurante per i moderati e, tuttavia, è vissuto con sofferenza per il solo fatto che la consultazione prende vita.

In quel caso il fatto veramente straordinario non è solo che si fanno le primarie ma che Vendola vince...

Si produrrà lì un fatto politico effettivamente straordinario, legato a un personaggio altrettanto straordinario come Nichi Vendola, che vince perché si sottrae all'attesa di vittoria dei riformisti in quella competizione. Cioè, si sottrae alla contesa in puri termini destra-sinistra, moderati-radicali; e si sottrae all'idea che si tratti di uno scontro nella geografia politica tra i partiti cosiddetti riformisti e i partiti radicali. Quindi si sottrae anche all'idea di essere il candidato di Rifondazione comunista. Nichi rompe lo schema, rompe tutti gli schemi. Poi si troverà la formula per dire che vince perché è radicato e non radicale: in realtà vince un radicale. E vince perché compie una ricomposizione del rapporto tra popolo e élite, che è uno dei punti critici della vicenda italiana. L'operazione corsara di Nichi taglia questa linea di faglia che si è prodotta tra popolo e élite, ristabilisce un rapporto, una «connessione sentimentale» – come direbbe Gramsci – tra un leader e il suo popolo. E le primarie diventano in primo luogo l'elemento costitutivo di un popolo.

Chi ha il dubbio sulle primarie si studi per favore il caso Puglia! Lo studi: vada a vedere chi sono stati quelli che si sono animati in quella battaglia, quali sono stati i soggetti, quali le parole d'ordine, quali i discorsi, come Nichi ha interpretato la costruzione del suo popolo. E come Nichi, figlio e espressione del popolo delle Puglie, scardina le previsioni e vince.

Questa irruzione delle masse nella politica – per usare un linguaggio del Novecento – per quale ragione ai tanti epigoni del Novecento risulta indifferente? Perché? Vorrei proprio saperlo.

Ammetterai, però, che c'è una differenza tra la contesa vinta da Nichi Vendola contro il margheritino Francesco Boccia e il guanto di sfida lanciato da Fausto Bertinotti, segretario di Rifondazione comunista, a Romano Prodi, leader riconosciuto dell'Unione. È tutto un po' più prevedibile, non trovi?

Io e Prodi siamo totalmente diversi, è vero. Però abbiamo stabilito che si dà il caso in cui le primarie sono lo strumento attraverso il quale il popolo ricostruisce un suo rapporto con la politica e cambia le attese, quasi meccanicamente determinate dalla situazione e dal realismo della politica, che davano vincente il candidato moderato come guida naturale della coalizione. Al contrario, vince un esponente comunista, radicale, omosessuale, colto di raffinata rielaborazione di questa condizione esistenziale, portatore di una lunga battaglia per il riconoscimento del valore di una pluralità di esperienze esistenziali.

Pare poco? Lo dico per rafforzare l'elemento di riforma: la vittoria di Nichi è lo scompaginamento dell'ordine costituito nella rappresentanza. È un caso? Forse. Ma intanto si dà.

Diamo il caso. Pur con le attese moderate, quello pugliese era comunque un duello aperto, all'ultimo voto. Le primarie per la leadership dell'Unione, invece, secondo molti non riescono a correggere un certo retrogusto di strumentalità e calcolo: da parte di Prodi che cerca di aprirsi spazi di manovra, dato che è un generale senza truppe, e da parte di Bertinotti che cerca di affermare una leadership sulla sinistra radicale più che sulla coalizione. Non è così?

Veniamo pure al generale. Qual è la condizione del bipolarismo italiano? Che sul timone si può discutere, ma che il candidato leader della coalizione deve essere dal profilo moderato, e spesso dev'essere attinto nel mondo cattolico per questa impropria equivalenza tra moderatismo e cattolicesimo che pure viene usata.

Faccio inoltre notare che nelle culture di altri sistemi maggioritari, quando non si verifica l'anomalia italiana secondo cui la coalizione deve esprimere necessariamente una candidatura moderata e possibilmente cattolica – e confesso che a volte mi sembra di essere tornati alla discussione degli anni Cinquanta sul presidente della repubblica –, questa connotazione viene sostituita da quella del partito senior: cioè del partito che, essendo maggioritario nella coalizione, porta con sé il diritto a far sì che il proprio segretario sia *naturaliter* il leader dello schieramento. Dunque, nei sistemi tendenzialmente maggioritari si danno due casi: o di una propensione a una leadership moderata o di una propensione alla leadership del partito maggioritario.

Ebbene: le primarie mettono in discussione entrambi questi elementi, li mettono in discussione strutturalmente. E il fatto che Prodi parta oggi iperfavorito non cambia di una virgola questo aspetto.

Sicuro che non cambi «di una virgola»?

Sicurissimo. Non cambia perché si dà il caso, che altrimenti non si dava fuori dalle primarie, che invece un leader di sinistra – donna o uomo che sia – possa candidarsi e vincere. Se questo diventa un sistema, io penso che proprio questa variabile costituirà un elemento costante di erosione del sistema maggioritario. Perché, tra l'altro, il sistema maggioritario non solo tende a costituire l'alternanza invece dell'alternativa ma, appunto perciò, a far competere per l'alternanza al centro. Non sempre accade così, ma spesso la competizione avviene al centro.

Le primarie possono mettere in scacco questo assioma. Tanto che per questa via si rompe anche il principio oligarchico che regola il sistema maggioritario: le primarie – le primarie come sono qui, non quelle americane – lo spezzano, perché introducono l'alea di una competizione. Insisto, il fatto che oggi Prodi parta così avvantaggiato non cambia il fatto che intanto si vota, e che quella che poteva essere una discussione chiusa negli stati maggiori diventa invece una discussione trasparente, alla luce del sole, su cui si possono pronunciare milioni di persone. A quelle persone si consente di dire: «Sai cos'è? Attraverso il candidato vorrei dire qual è il profilo dell'Unione. Vorrei che fosse più a sinistra».

Oppure «più a destra»...

Anche «più a destra», certo. Ma, insomma, possono dirlo e quel dire, quell'esprimersi risulta influente nella costruzione del processo politico. Mi pare una *chance* straordinaria. Senza queste primarie, secondo me, la difficoltà a costruire democrazia e partecipazione nell'Unione sarebbe stata incommensurabilmente più grande.

Certo, noi ci siamo battuti per dire quale programma si costruisce con tutte le forze dell'Unione, quindi anche con le forze che sono extra istituzionali, le associazioni, i movimenti, le parti del sindacato che ritengono di starci. Noi la pensiamo così. Ma, come si vede dall'esperienza, tutto ciò risulta sempre molto difficile. Queste primarie possono invece essere la leva che rende – diciamo così – obbligatoria quella partecipazione: perché queste forze possono entrare nelle primarie, ciascuno a modo proprio. Non mi importa neppure sapere come, ma organizzazioni importanti si sono già poste il problema di entrare nella contesa con una loro proposta rivolta ai candidati per chiedere di pronunciarsi sulle linee programmatiche che interessano quel soggetto.

Disincagliare la transizione, ripensare il proporzionale

La verità dei fatti, però, è che le primarie tornano in campo solo nel momento in cui Prodi perde la partita per essere il leader della Fed...

Sì, è verissimo. Da questo punto di vista svolgono effettivamente un ruolo di «supplenza», come lo hai chiamato all'inizio: servono a Prodi per rafforzare il ruolo di un leader tutto sommato riconosciuto ma che per diverse ragioni – anche legate alle cicatrici del passato – si sente sotto schiaffo da parte delle forze politiche e non trova altre vie d'uscita.

Ma questa è solo una delle componenti. Abbiamo ragionato di tanti motivi che portano a fare le primarie: per quale ragione noi dobbiamo far sì che un elemento prenda il sopravvento su tutti gli altri?

Perché è l'elemento più concreto, quello senza il quale semplicemente le primarie non si sarebbero date.

È vero, siccome le primarie non sono nelle corde di questa Unione, le primarie si possono attivare soltanto perché si determina un concorso eccezionale di elementi. Altrimenti, da ferma, l'Unione preferisce la quiete dei gruppi dirigenti. Ma la domanda da farsi dovrebbe essere un'altra.

Quale?

La domanda è: le forze di sinistra, dovunque dislocate, sono interessate alla quiete o al movimento? Nell'Unione e con l'Unione, a che cosa sono interessate? La risposta per una forza di sinistra dovrebbe essere – mi auguro – quasi scontata: siamo interessati al movimento.

Dunque, le forze di sinistra debbono avvalersi delle ragioni eccezionali, perché altrimenti non hanno forza sufficiente a imporle. In una condizione ordinaria le primarie non si fanno, perché prevale la quiete sul movimento. Ma quando si crea una condizione straordinaria, quando si impone un ricorso eccezionale alle primarie, anche in ragione di elementi di crisi che si determinano nell'Unione, coloro che sono per l'ipotesi di movimento devono buttarcisi sopra: per provare a farle diventare – come si diceva una volta – una-due-tre-cento primarie. Devi provare a operare questo scatto. Naturalmente, devi giovarti degli eventi, perché sennò da solo non ce la fai.

Tu dici supplenza? In questo senso c'è effettivamente una supplenza: le primarie non suppliscono al fine, c'è una supplenza rispetto alla volontà politica ed è determinata dagli eventi. In Puglia è l'*impasse*, nel caso mio e di Prodi è la crisi. Perché se ci fosse stata la federazione, la lista unitaria, il partito riformista sostanzialmente guidato da Prodi, purtroppo non avremmo avuto le primarie. Siccome, invece, si produce quella crisi, il blocco – definiamolo così – che presidiava una certa modalità di selezione della leadership si scompagina. Voglio far notare che così riemerge anche una vocazione progressiva delle primarie. Cioè: per comporre quel dissidio che riguardava la federazione dei riformisti viene esaltato il ruolo dell'Unione, e per esaltarlo si ricorre alle primarie. Questo è il punto. Questo percorso è virtuoso? Secondo me sì. L'origine è viziosa? Di nuovo sì. Ma il percorso che ne esce è un percorso virtuoso, appunto perché l'unica possibilità di uscire dalla crisi, non potendo essere riposta nella federazione riformista, viene riposta nell'Unione.

E allora, chiedo di nuovo: le forze di sinistra hanno interesse che il baricentro della politica sia concentrato sull'Unione piuttosto che sulla federazione dei riformisti oppure no? Secondo me sì. Dunque, poiché si tratta di un'ipotesi di movimento e sposta l'accento dal primato dei riformisti al primato dell'Unione, secondo me le primarie sono una cosa su cui investire veramente. *Buscar el levante por el ponente*? Ma questo spesso accade.

Tu dici: «Le primarie per scardinare il maggioritario». Tuttavia stai anche al gioco, dato che attraverso le primarie porti la tua sfida per guidare una coalizione nello schema bipolare. Un po' come la Quercia quando, negli anni scorsi, fece la scelta maggioritaria per sbloccare la via d'accesso al governo...

Primo: niente mi toglie dalla testa che le primarie sono il modo migliore che conosciamo per scegliere la leadership. Oppure c'è qualcuno che pensa che sia meglio che lo decidano i segretari di partito, che sono in qualche modo una direzione oligarchica?

Secondo: sono arciconvinto che questo sistema sia una prigione che va superata e che le primarie, per il loro potenziale democratico, finiranno per entrare in rotta di collisione con questo maggioritario.

Del resto, penso che non si possa optare per un sistema politico rappresentativo sulla base delle convenienze di partito o dell'aggregazione politica di un dato momento. I sistemi elettorali, secondo me, vanno pensati in funzione della possibilità di dare voce rappresentativa a un popolo e a un paese. Bisogna cioè ragionare su quale forma elettorale è più congeniale a far vivere e a esprimere le culture politiche di un paese: sia quelle ereditate dalla storia che quelle che si annunciano per il futuro. Perché, in generale, un'idea di trasformazione prende corpo solo se c'è un pieno dispiegamento delle potenzialità democratiche. Non è un ragionamento fatto per generosità intellettuale: è che una cosa è troppo soverchiante sull'altra. Rispetto a come si compone un governo è molto più importante quanto possa esprimersi la società in termini di accumulo di domanda, di penetrazione culturale, di rapporto tra conflitto e decisione istituzionale. Queste cose sono assolutamente più importanti della meccanica di accesso al governo. Tanto è vero che, in un sistema politico ricco democraticamente, anche dall'opposizione tu puoi determinare una profonda incidenza nella vita delle persone. Che poi è una questione fondamentale della vita politica.

Come faceva il Pci con i governi democristiani, per intendersi...

Appunto. Non abbiamo bisogno di andare lontano. Guardiamo all'Italia: con il partito comunista all'opposizione e un governo certamente ipermoderato ottieni lo statuto dei lavoratori. E in quel momento a parti importanti del movimento sembrava persino un risultato parziale, intermedio, imperfetto, addirittura inadeguato. E allora: cos'è che ti importa di più se fai politica? Ti importa di più l'apertura di un processo in cui i diritti vengono conquistati e si produce un rapporto tra la lotta e la conquista, oppure ti interessa di più la geografia politica, l'alchimia della governabilità?

Secondo me non c'è dubbio: la prima. Del resto noi siamo in una stagione in cui sembra che le classi dirigenti abbiano una propensione ad applicare tardivamente la dottrina della Trilateral. Cioè la dottrina secondo cui nella realtà contemporanea – e oggi, nella crisi delle politiche liberiste, questo è particolarmente vero – un sistema democratico che canalizza le domande delle popolazioni produce un sovrappiù di domanda rispetto a quelle che il sistema è in grado di corrispondere, e quindi genera un eccesso di conflittualità o comunque un elemento di instabilità e di crisi del sistema stesso. Per cui la Trilateral diceva: «E allora? E allora tagliamo la democrazia». Cioè: riduciamo fortemente i canali che consentono l'esprimersi di queste domande, impediamo il formarsi di queste domande. Un'ipotesi di ostruzione delle arterie della democrazia.

Io penso che bisogna fare il contrario, bisogna dilatare i canali democratici. Per questo il sistema di rappresentanza politica che consenta al conflitto di influire sui luoghi delle decisioni strategiche della democrazia rappresentativa è il punto da cui partire. Per questo sono per il proporzionale, tutto il resto è secondario, accessorio.

Ma con il proporzionale il valore della sfida delle primarie, la possibilità di rompere da sinistra lo schema del candidato moderato, va a farsi benedire. Senza contare che la balena bianca neo e vetero centrista naviga sempre sott'acqua…

Certo, può anche essere che in Italia, in determinate condizioni, una forza di sinistra radicale abbia una minore possibilità di accesso al governo. Però può anche darsi che aumentino le possibilità di un governo più spostato a sinistra. È vero che in una condizione in cui un'ipotesi neocentrista diventasse particolarmente robusta, le possibilità per una sinistra di alternativa di entrare nel governo si ridurrebbero. Ma io penso possibile anche il caso che invece l'ipotesi neocentrista veda una maggiore articolazione nella vita politica del paese. Cioè: che accanto a una forza di centro e moderata ci sia, oltre a una sinistra radicale, anche una sinistra riformista che in certe occasioni possa acquistare il timbro di un riformismo forte. Nulla toglie che in questo modo si possa aprire anche la possibilità di un governo di sinistra che aggiorni le suggestioni di certi momenti dei governi delle sinistre in Europa e dell'entusiasmo popolare che li ha accompagnati.

Restiamo al qui e ora. Allo stato attuale i due contendenti ufficiali sono Berlusconi e Prodi. Gli stessi di dieci anni fa, la stessa generazione politica spuntata dal dopo Tangentopoli, e che non sembra propensa a mollare la presa. Neanche tu sei un novizio. Quand'anche tu battessi il professore contro tutti pronostici, non significa che qualcosa si è incagliato nella transizione italiana?

Sai che io penso da tempo che serve un passaggio generazionale. Lo penso per me, figurati per gli altri. Per il mio partito penso specificamente a una generazione cresciuta da Genova in poi e che ha tutta la necessità e la possibilità di essere accompagnata da storie diverse; naturalmente senza che l'appartenere a una generazione costituisca un titolo di selezione, proprio perché parlo di un rinnovamento generale. Quindi figurati. Al contrario, però, sul terreno delle individualità stiamo attenti a non trascinare delle ipotesi generali giuste in ragionamenti troppo specifici. Voglio dire: la prima repubblica italiana ha visto per trenta e anche quaranta anni dei grandi leader calcare la scena. Non era questo il demerito. Anzi: se uno ha una condizione o un'autorevolezza politica in qualche misura elevata, è un suo merito. Il demerito attiene alla sua azione politica. La Germania – per capirsi – non era malmessa perché Adenauer ha calcato la scena politica per troppo tempo.

Perciò eviterei di concentrarsi sul fatto che i due – Prodi e Berlusconi – erano in lizza anche dieci anni fa. Intanto perché sono incomparabili. Berlusconi porta addosso il segno della fine di una stagione e del sistema politico che ha costruito con forza vera, non sulla sabbia: quindi, quale che sia la sua scelta sul futuro, come leader è alla fine di una stagione.

E Prodi, perdona la brutalità, rappresenterebbe il cambiamento?

La condizione che sostiene Prodi, come si vede anche nelle primarie, è quella di essere un elemento o addirittura l'elemento che meglio accompagna una transizione del tutto incompiuta. Prodi c'è quasi a garantire una transizione che purtroppo non incontra la necessaria consapevolezza né trova sbocchi con la dovuta forza. Prodi, perciò, copre in qualche modo il fatto che il campo che organizza l'Unione è un campo del tutto transitorio.

Stai annunciando già che l'Unione non durerà?

Sto argomentando il fatto che forze politiche che alimentano l'Unione, secondo me, non sono quelle che raffigurano il domani dell'organizzazione della sinistra italiana e del campo alternativo alle destre. In altre parole, insomma, siamo ancora in una fase di grandissima transizione. Te lo dice perfino la ridicola definizione di molte delle forze politiche fuori da qualsiasi ordinamento classico. Il fatto che non ci sono più dei democratici, dei socialisti, dei comunisti...

In effetti c'è un orto botanico con paesaggio mediterraneo: querce, margherita, campanili, edere, rose, sole, gabbiani…

Appunto. Non è forse la condizione di una transizione incompiuta, se vogliamo, acutamente incompiuta? Inutile fare finta. Quindi, i due per me non sono paragonabili, perché, appunto, l'uno ormai tampona la sconfitta: è lì perché altrimenti il suo lotto politico si disfacerebbe. L'altro invece è lì perché si riorganizzi su basi forti il campo che oggi è quello dell'Unione, quale che sia il futuro che lui personalmente ne immagina. Quindi è solo un abbaglio quello che li fa sembrare simili.

In altre parole vorrei che si facesse attenzione perché, sia nell'un caso che nell'altro, oggi non siamo di fronte a due di lungo corso di cui ci si può lamentare per quanto possono durare. Siamo nel pieno della transizione. Una transizione, però, che cerca uno sbocco. E ce lo dice una cosa: la discussione sul programma in fondo cos'è? Perché anziché il perfezionismo dei tecnicismi sta emergendo il bisogno di un'idea forte?

Programma condiviso, ma si sceglie votando

Pensi cioè che sia finalmente al termine l'era dei secchioni che facevano le pulci sui programmi altrui, sui posti di lavoro possibili piuttosto che sul numero di immigrati da arruolare in fabbrica e quelli da ricacciare in mare?

I secchioni, esattamente: hai dato la precisa rappresentazione di quello che intendo.

Perché, allora, non fare le primarie sul programma anziché sul leader? Perché ridurre tutto a una disputa dai contorni prevalentemente personalistici?

Personalista un corno. Io voglio proprio capire. Il leader si deve decidere o no? È più ragionevole se lo decidono le oligarchie di partito o se lo decide un popolo? In che cosa sta il personalismo se lo decide il popolo? La decisione dev'essere proprio presa nelle stanze dei bottoni perché sia «non personalista»? Francamente, mi sembra una cosa sconcertante.

E il programma?

I programmi pure. Io non ho nessun problema. Non è che

dico: «Uno contro l'altro». Io dico: «Le primarie, e poi una forma di consultazione sul programma». Anche qui, però, l'esperienza sindacale...

A quale esperienza sindacale ti riferisci?

Purtroppo, tranne l'importantissima e meritoria battaglia condotta dalla Fiom quasi in solitudine, la pratica contrattuale dei sindacati in questi ultimi decenni è stata spesso messa al riparo dalla democrazia partecipata. E oggi questa discussione è fruttuosamente aperta nel congresso della Cgil. Ma nella grande stagione del sindacato dei consigli come si faceva una consultazione? Si faceva che le organizzazioni sindacali avanzavano una proposta per un contratto. È evidente che quanto vale per il sindacato, secondo me vale anche per la coalizione: una traccia di una proposta condivisa ci deve essere, perché altrimenti non c'è nemmeno la coalizione.

Ma la concezione che ha Romano Prodi delle primarie non è perfettamente identica. E questo, forse, vale anche di più per i suoi alleati, dai Ds alla Margherita. Il professore afferma che al vincitore tocca l'onore, e anche l'onere, di proporre il programma tenendo, certo, conto di tutti ma assumendone una paternità che in qualche modo viene presentata come esclusiva...

Se uno pretende di impormi il suo programma con un voto, si fa da solo sia il suo programma che la sua campagna elettorale. Per me non è dato che si possa decidere a maggioranza l'impianto generale: l'impianto generale dev'essere condiviso, si costruisce insieme. E infatti così abbiamo fatto.

Il patto costitutivo rappresentato dagli otto punti del manifesto unionista? Diciamo la verità: non è che sia proprio un faro del cambiamento...

Che c'è lì che non va? Cosa c'è che non va nell'assumere come riferimento sulla pace e la guerra l'articolo 11 della Costituzione? Cosa c'è che non va nell'affermare la necessità di più politiche pubbliche in economia o di un attacco alla rendita in favore di salari e pensioni? Se poi, io mi candido in alternativa a Prodi, ci sarà un motivo oppure no? Sarà perché penso si possa fare di più o diversamente rispetto alle opzioni che lui sostiene in quella piattaforma. Giusto?

Torniamo perciò al sindacato: Cgil, Cisl, Uil costruiscono la piattaforma e la propongono ai lavoratori. Cosa fanno, però? Sui punti controversi all'interno di quel piano, se chiedere *x* oppure *y* in aumento salariale, se avere una riduzione dell'orario di lavoro in un modo oppure nell'altro, si rimette la decisione ai lavoratori nella consultazione. I lavoratori decidono anche se accettare o meno la piattaforma; una volta accettata, possono emendarla in un determinato modo. Io penso a un metodo di questo tipo. Proprio ricalcato sulla vicenda Cgil, Cisl, Uil.

Trasportato sul piano della coalizione, che meccanismo dovrebbe prevedere?

L'Unione decide un impianto programmatico in un'assemblea, con un percorso che prevede il coinvolgimento delle associazioni, dei movimenti, dei soggetti sociali. In questo impianto programmatico ci possono essere delle alternative sui singoli punti. Chessò? Cancellare la legge 30, come io vorrei, oppure modificarla e in che modo. Dentro un programma comune, si sottopone all'elettorato dell'Unione – come per le primarie sul candidato – una duplice valutazione: a) se il programma va bene o non va bene e b), se il programma va bene, al suo interno la possibilità di optare per una o per l'altra ipotesi rispetto a singole scelte.

Se ho fatto le primarie, io sono più forte o più debole nel chiedere questa cosa? Sono più forte, indubbiamente. Perché posso dire che se l'abbiamo fatto sul leader possiamo farlo anche sul programma. Perciò mi pare che questa disputa sulle primarie per il candidato o per il programma, almeno a sinistra, sia un po' stucchevole. Penso che bisognerebbe fare sia l'uno che l'altro: far scegliere dal popolo il leader e far scegliere dal popolo il programma.

Mettiamo invece che gli alleati, unanimemente, ti offrano il 20 per cento a urne chiuse ma a patto di non fare lo spoglio. Firmi il risultato lusinghiero o preferisci andare a vedere le carte che potrebbero farti male?

No, non firmo assolutamente. Sennò che azzardo c'è? Sinceramente, direi di no per due ragioni.

La prima è che devi prenderla alta. Non puoi accontentarti di quello che è prevedibile. Questo partito prende il 6 per cento. Raddoppia – visto che parliamo di un confronto su circa la metà dell'elettorato – e vai al 12. Insomma, tutto quello che è sopra il 12 è più di quello che è il tuo consenso – diciamo così – atteso dalla proiezione. Ma in una competizione devi osare, devi provare a rompere lo schema, devi fare «come se...».

La seconda ragione è che accettare un qualsiasi verdetto, anche molto premiante, significherebbe in qualche modo non investire nella fiducia sulle singole persone, anche non direttamente coinvolte nella politica, che altrimenti possono essere indotte nella partecipazione. Io conto molto sul provarci, sulla voglia di provarci mia e non solo mia.

Un comunista in cravatta...

Il candidato comunque sei tu. Per alcuni un «parolaio» comunista e anarcoide. Ma anche un salottiero, le cui foto occupano i rotocalchi, famiglia compresa. Un profilo a cui si rimprovera di non poter veramente incarnare un'alternativa rispetto a Prodi. Non temi questo riflesso della tua immagine pubblica?

Figuriamoci. Io tendenzialmente frequento senza riserve tutti i luoghi che non abbiano una caratteristica politica radicalmente avversa, una caratteristica che mi ponga un qualche problema di modello di società. E non frequento forze economiche organizzate con cui ho contrasti. Punto. Tra l'altro, da questo punto di vista ho una cultura e un'abitudine che vengono da una grande storia, quella del sindacato torinese e piemontese. In tutta la mia lunga esperienza di segretario regionale piemontese non sono mai stato a cena con un padrone di impresa o anche con un suo assistente. Non so quanti anni ho fatto a Torino, tantissimi, e non sono mai stato a cena con un dirigente della Fiat. Mai. Perché? Ma perché era una consuetudine, semplicemente. Anzi, posso dire di aver poi avuto rapporti persino di simpatia con uno di questi dirigenti, una volta che lui non era più alla Fiat e io non ero più sindacalista. E solo allora ci siamo dati del tu: fintanto che svolgevamo le nostre funzioni, eravamo lontani e segnati perfino dal darsi del lei. Continuo a mantenere questo rigore, questa rigorosa modalità della politica. E, diversamente da tanti miei critici, non ho rapporti negoziali né diretti né indiretti con alcun potentato economico. Ripeto: diversamente da molti miei critici, che invece relazioni con questa gente le intrattengono eccome.

È un'accusa. A chi alludi? Ai Ds? Alla Margherita? A altri esponenti di partiti alleati?

Io non alludo. Io so. Personalmente non lo faccio. Per altro, senza fare accuse: senza cioè accusare di chissà cosa chi si comporta diversamente. Non lo faccio perché penso che me lo chieda la mia deontologia professionale. Tutto qui. Ma se invece certe persone le trovo a casa di amici o conoscenti, mi trovo tranquillamente a mio agio, non temo minimamente la contaminazione.

E i rotocalchi, quelli non li temi?

Assolutamente no. Forse questo deriva dal fatto che vengo da una famiglia proletaria: derivare da una famiglia proletaria, essere cresciuto in una periferia urbana, continuare a frequentare amici e compagni lavoratori, sindacalisti e operai mi rende tranquillissimo su tutta l'altra parte. Ho anche amici che appartengono al mondo della borghesia intellettuale e no. Non soffro di alcun complesso. Ti dirò che fino a cinquant'anni per un lunghissimo periodo non ho portato la cravatta, dopo cinquant'anni ho portato la cravatta quasi sempre: non ho cambiato il mio modo di pensare per il portare o il non portare la cravatta.

Sennonché sulle tue cravatte c'è stato un vero e proprio florilegio...

Ti dirò: la cosa mi diverte pure. Perché questo dell'attraversamento della terra degli infedeli è un luogo evocato anche un po' dal mio modo di concepire la vita. Per cui mi diverte il fatto che i comunisti non abbiano il coltello tra i denti, tre narici, sappiano i congiuntivi. Questo – diciamo così – *épater les bourgeois* da sinistra, da comunista devo dire che mi dà una certa soddisfazione. Aggiungo che in quel mondo non comunista e non di sinistra ho trovato persone anche gradevoli. E in tanti anni ho imparato anche questo: che non basta avere in tasca la tessera del partito comunista per essere una persona civile e gradevole, e non è obbligatorio essere incivile e sgradevole per essere un borghese. Ho imparato a distinguere tra la nettezza della battaglia politica e la relazione umana con le persone.

E quando senti Berlusconi che canta in una di quelle serate mondane in cui poi ti si vede fotografato dai paparazzi o ti si legge sui siti di gossip?

Devo dire che non è vero: non l'ho mai sentito cantare. L'ho incontrato ed è venuto a salutarmi in occasione di un compleanno, ma non l'ho mai sentito cantare. Per altro, non lo direi mai. Se l'avessi sentito non lo commenterei mai, perché non mescolo. Così come non lo commento come presidente del Milan.

...E UN ANARCHICO DA BAR

Del resto, non avresti molto da recriminare come tifoso rossonero... I migliori amici, invece, sono quelli dentro o fuori la storia di partito e di sindacato?

Prevalentemente fuori dal partito. Ho alcuni amici di partito che, con qualche dispiacere, frequento tuttavia poco, per non determinare propensioni a credere che questo o quell'atteggiamento derivi da rapporti amicali. Quindi in genere frequento poco, comunque meno di quanto vorrei, le amicizie di partito. Invece frequento più diffusamente amicizie esterne. Molto. Ho un grande legame con le amicizie. Tanto che alcune durano da più di quarant'anni. Non faccio nomi, naturalmente. Ma, per esempio, tra i miei amici più cari ce ne sono alcuni conosciuti da giovanissimi operai quando facevo il sindacalista a Novara. Pensa un po', ero nella segreteria del sindacato tessile di Novara, in una delle zone più periferiche seppure a grandissima densità tessile com'è l'ovest Ticino. Ed è da allora che ho contratto amicizie con alcuni operai e sindacalisti che durano ancora oggi. Le volte che ci vediamo o ci sentiamo continuiamo a fare le discussioni di allora, sia in politica che a proposito d'altro.

E nelle proprie conversazioni Fausto Bertinotti ce l'ha un proprio lessico famigliare, oppure il lessico famigliare è quello del partito, del sindacato, della politica?

Il lessico c'è, come no. È un combinato disposto di padre e politica da un lato e periferia milanese dall'altro. La mia infanzia ha depositato molto più di quanto non appaia o io non lasci apparire. Poi, naturalmente, quando la si mette su un terreno – chiamiamolo così – colto, allora il mio lessico famigliare è quello che veniva chiamato l'anarcosindacalismo torinese o l'operaismo torinese. Insomma, in alto c'è quella particolare forma di operaismo che è stato il sindacalismo torinese e in basso un'idea della politica imparata in casa, socialista, con una vena anarchica. Che poi è la stessa lingua che trovavi in quella periferia milanese lì: il popolo, gli operai, la sinistra, i bar... Quanto stavamo al bar!

Allora hanno ragione a etichettarti come anarchico.

In un certo senso sì. E devo dire che non mi offende. Anzi: c'è un pezzo di verità.

Come veterano della vita da bar sarai quindi un politico da scopone e tresette più che da poker...

I bar di quella generazione significavano il biliardo molto più che le carte. Ma il biliardo è una geometria, è anche quello una metafora della politica. Poi il biliardo è anche il fatto che, mentre tiri, nel bar chiacchierano: è giocare mentre intorno c'è un frastuono che non ci si rende conto. Le gare, invece… quel tipo di *aplomb* non lo conosco. Ma il biliardo, il bar nel mio portato sono un'occasione ulteriore di discussioni libere in cui tutti i piani si mescolano. Non c'è un piano alto e uno basso. La vita, la politica, lo sport, gli amori, i libri: tutto si mescola in una materia viva.

Quali letture, per esempio? Del cursus sindacale e politico ti porti uno scaffale con più saggistica o narrativa?

Anche quella è storia di generazione: ho cominciato con la letteratura e un po' con il cinema, ma soprattutto con la letteratura. Il mio inizio sono i libri, i dibattiti sui libri: con qualche avventurismo, beninteso, perché avevamo letto troppo poco per permetterci un dibattito degno di questo nome. Ma allora si discuteva tutto

Eppoi i cineforum… Io appartengo alla generazione che ha visto tanti film e letto tanto libri. Usavamo persino la complicità dei librai, del libraio amico: perché non avevamo i soldi e, oltre a qualche libro della Bur che si poteva comprare, erano tanti i libri in prestito, tantissimi.

Più libri di poesia o di narrativa?

Prevalentemente narrativa. Sai, gli autori di allora erano quelli che venivano da quelle terre lì…

Quali terre?

Eravamo molto pavesiani, Cesare Pavese. Poi, da lì, un'intensa, caotica, confusa, curiosa lettura di tutte le cose. Per fortuna, già allora, senza nessuna gerarchia di genere. Poi, naturalmente, incontrammo il Gruppo 63 che ci rese edotti nella lettura dei generi. E per fortuna così trovammo il lasciapassare anche per la lettura dei fumetti e la letteratura considerata minore o addirittura non colta. Abbiamo letto tanto.

Ora leggi ancora altrettanto?

Quello che capita. Per esempio, adesso è un periodo di *noir*. Mi pare sia una fase in cui attraverso il giallo e il *noir* si racconti meglio la società, si becchino di punta problemi altrimenti un po' più nascosti. Faccio solo un nome, e non italiano per non incorrere in malintesi: trovo che, per esempio, questo Didier Daeninckx sia un giallista davvero fantastico. Però, assieme a questo mi capita di leggere molti autori italiani.

Dalla Francia all'America. Proprio il noir *è un pezzo di quella cultura del Novecento americano nei confronti della quale c'è un debito che arriva fino ai nostri giorni di Seattle e dei movimenti, che però spesso rimane, anche nei ragionamenti, sotto le ceneri delle bandiere a stelle e strisce bruciate...*

A noi prima di tutto la letteratura *noir* arriva attraverso Vittorini e gli autori più celebri. Noi – intendo la mia generazione – prima degli scrittori di oggi amiamo addirittura Hemingway, Steinbeck, Faulkner. Per non parlare di quelli troppo facili perché troppo classici come London e Melville. Oppure quelle scoperte straordinarie che ci hanno attraversato: non si può dire cos'è stata la scoperta di Kerouac in termini di cultura, di torsione dei canoni. Eppure in quel momento io amavo molto i mitteleuropei. Ho letteralmente adorato Joyce e Kafka...

A maggior ragione: perché rispetto a tanta controcultura, forse il contributo più consistente nell'arco di tutto il secolo scorso, l'America finisce sempre ridotta al volto di Bush e mandata in fumo con le bandiere?

Io le bandiere le vedo bruciare fin da piccolo, perché è un'avversione che slitta per forza gravitazionale a partire dal governo degli Stati uniti. Poi, certo, c'è anche un'avversione che muove dal modello di società. Io, per esempio, appartengo a una generazione che quando gli andava bene, perché in genere si beveva la spuma, beveva il Chinotto e non la Coca cola. E ancora adesso bevo il Chinotto, che mi piace di più. Oggi, poi, io ho un nipotino piccolo che non beve Coca cola e non consuma prodotti Nestlè. Perché è un'onda che viene dal movimento no global, che riguarda i modi della produzione fino alla memoria del gusto, non è antiamericanismo.

Da questo punto di vista io non penso proprio che le tante, differenti componenti che fanno parte del movimento dei movimenti abbiano una prevalente avversione antiamericana. Non ci credo, perché quello è proprio un territorio della distinzione. Ripeto: siccome è il modello di vita che spesso ci risulta lontano, non bisogna equivocare. Anch'io non ho nessuna simpatia per il modello americano, nessuna. Ma che c'entra questo con Miles Davis? Con sentire *A Night in Tunisia* di Dizzy e ciò che si prova?

Mi pare un reciproco cortocircuito che io eviterei proprio. È come la nozione di occidente: o è troppo stretta o è troppo larga. America? Vediamo di cosa parliamo. È una civiltà complessa che va constatata e indagata criticamente come qualsiasi altra. E tra le civiltà c'è una preferenza ma non una gerarchia. Poi io, naturalmente, preferisco il canone europeo. Credo, in sostanza, perché sono cresciuto qui. Quindi lo stile di vita americano, semplicemente, non mi è consono e non mi piace.

Senza credere

*Parliamo di una cosa anche molto italiana, allora. Per anni dici di aver letto l'*Osservatore romano *come primo giornale. Ma, al di là di questo, non si può negare che tu sia spesso alquanto indulgente con la Chiesa di Roma, non ti pare? Da cosa deriva?*

Intanto, è evidente che per un militante della mia generazione hanno contato moltissimo due passaggi: in primo luogo il Concilio Vaticano Secondo e poi una lunga esperienza fatta camminando insieme alle forze del cattolicesimo impegnato. Sono troppi i debiti contratti. Con don Milani, per esempio. Con l'impressione avuta dalla lettura dei testi di don Franzoni quando era abate a San Paolo Fuori le Mura. Con la ricerca di padre Balducci.

Poi, diciamo così, c'è quella lunga comunanza di lavoro con la Cisl degli anni Sessanta, dell'inizio delle politiche unitarie. In particolare con la Cisl torinese, la Fim, l'esperienza dei preti operai. È un cammino così profondo che ha determinato legami che vanno al di là del mio interesse per la ricerca religiosa. Perché, anche se sono non credente, riconosco che quel tipo di ricerca mi interessa molto.

Da non credente?

Da non credente. Ma, ripeto, è una ricerca che è stata alimentata molto dal camminare insieme per lunghi anni. Solo a parlarne, mi vengono in mente tante immagini. Quando può capitarti di dimenticare quello che poi sarà il cardinale Pellegrino, allora arcivescovo di Torino, che in quel Natale della fine del 1969 si reca alla tenda dei metalmeccanici a Torino con l'abito talare a stringere le mani agli operai metalmeccanici in lotta? Sono cose che naturalmente segnano un profilo politico e una linea di ricerca. Quindi, anche se ci sono state delle divisioni, non mi rassegno a che questo dialogo si interrompa. Poi, nell'ultima fase, il peso della figura di Giovanni Paolo II è stato rilevante. Ma non è vero che ho delle indulgenze nei confronti della chiesa, ferma restando l'influenza e la forza con cui si esprime.

Che però, appunto, spesso in Italia trascende travolgendo ogni cosa…

Infatti nell'ultima vicenda che ci ha interessato, quella del referendum sulla procreazione assistita, non abbiamo avuto alcuna indulgenza nella critica, anche molto netta e molto ferma, a un certo tipo di intervento da parte della chiesa. Anzi. Addirittura ci siamo spinti oltre nell'integrare criticamente, con il rispetto dovuto, alcune delle prime prese di posizione di questo nuovo pontefice: un papa che a me è sembrato proporre una linea organizzata con prudenza di ragionamento e rigore di termini, ma in cui io ravviso un'impronta integralista che, francamente, mi preoccupa molto.

Tantopiù perché, per restare al referendum, si attesta anche sui numeri di una vittoria prorompente...

Penso che quella del referendum sia stata un'esperienza segnata da una sconfitta, ma da cui dobbiamo trarre una lezione importante. Lo vedo cominciare a fare alle donne, anche quelle di Rifondazione comunista. Mi ha molto impressionato questo inizio di ricerca, questa riflessione che però rivendica totalmente il valore della battaglia fatta.

Quindi no, nessuna indulgenza. Anzi. Pronunciarsi sempre senza pregiudizio, questa è l'unica regola. Se non per un pregiudizio, questo sì, che attiene al riconoscimento di una presenza complessa nella società che si è guadagnata un'autorevolezza e quindi merita rispetto nella forma di relazione. Ma, appunto, senza che questo diminuisca minimamente la laicità della tua premessa.

Io credo che la politica debba essere fondata laicamente. E siccome penso che il punto più alto della politica sia la nozione della categoria di rivoluzione, e penso che la rivoluzione possa essere fondata laicamente, quindi *hic et nunc* sull'analisi sociale: perciò ritengo che la politica non abbia bisogno di un soccorso o di una richiesta di aiuto a visioni ultramondane.

Allo stesso tempo, come si fa a non accorgersi di che cosa è stata la presenza di Giovanni Paolo II? Pensiamo alla fase ultima, in cui la teoria della guerra preventiva diventava pratica, in cui il confine con lo sfociare in guerra di civiltà era un confine assolutamente suscettibile di essere valicato dall'amministrazione Bush e dalla guerra in Iraq. Se il movimento della pace è stato il principale antagonista di questa guerra, se si è potuto evitare che questa guerra terribile precipitasse in una guerra di civiltà a me pare non ci sia dubbio che un contributo cruciale sia venuto dalla posizione assunta da Giovanni Paolo II. Quindi io penso che in quel momento – una temperie in cui ancora ci troviamo – noi eravamo chiamati a guardare la chiesa nella sua complessità, ma a partire da questa collocazione. Una collocazione di cui francamente sento la mancanza.

2. IL CICLO VIZIOSO DEL RIFORMISMO

«Rinunci così a un'ora di sonno?», rimprovera bonario Bertinotti a chi su un volo di primo mattino si premura di portarsi una mazzetta di giornali.

Di interviste ne rilascia senza centellinare, ma non è ossessionato dall'ultimora. Piuttosto, il leader di Rifondazione non risparmia alla sua segreteria memorandum telefonici per chiedere la ricerca e l'archiviazione di numeri arretrati di quotidiani o periodici. A cui poi attinge pignolamente anche per spiegare cos'è cambiato nel corso di quest'ultimo decennio tanto da portare, dalla rottura con il primo governo Prodi, al tentativo di vararne invece uno insieme al professore.

Un compromesso per il cambio

Lo spettro del 1998 aleggia inossidabile nella testa di Romano Prodi non meno che in quella di molti elettori del centrosinistra. Tu, invece, quasi perdi le staffe quando senti fare paragoni tra allora e oggi. Che dovrebbe esserci oggi di così particolarmente differente rispetto all'altra volta? Siete sempre gli stessi...

L'allargamento di quella crisi – che non è una crisi italiana – è stato indotto dal crollo dei regimi dell'est e dal contemporaneo affermarsi di una globalizzazione capitalistica che darà provvisoriamente luogo al pensiero unico. Quella temperie fa sì che si consumi una crisi delle sinistre comuniste, socialiste, del movimento operaio e radicali. Tutte le esperienze di governo delle sinistre e di centrosinistra del recente passato avvengono perciò sotto un segno di riformismo moderato, mentre le forze della sinistra radicale sono o marginali o all'opposizione. La ragione per cui io penso che si possa, lo dico sorridendo, riprendere *un orizzonte* è dominata dal fatto che a mio avviso questo ciclo è finito.

Ciò non toglie che siamo dentro un altro ciclo drammatico: con la guerra preventiva, il terrorismo, le crisi delle coesioni sociali che effettivamente configurano striscianti crisi di civiltà; con crisi economiche durissime; con una drastica riduzione del potere d'acquisto dei salari, dei diritti, del potere dei lavoratori, fino a una sorta di invisibilità politica delle lavoratrici e dei lavoratori. Ma allo stesso tempo siamo anche in una condizione di rinascita dei movimenti: dal movimento di critica alla globalizzazione a quello della pace alla ripresa del conflitto di lavoro per molte vie seppure complicate. E soprattutto siamo a una constatazione di fallimento del ciclo neoliberista, che determina un'assoluta instabilità. La cifra della società in cui viviamo è proprio l'instabilità: è l'incertezza, è la precarietà nella vita delle persone, ma anche negli assetti generali.

Pur bonificato dal pensiero unico, non è un panorama molto lusinghiero. Specie se ci si propone di giocarci dentro una partita di governo...

Voglio fare riferimento a uno studio del *Corriere della sera* sulle grandi imprese in Germania e in Italia. Lo faccio perché è significativo per il discorso che stiamo facendo.

Cito: «Il paradosso tedesco che ha messo in ginocchio il cancelliere Schröder non è solo tedesco, è anche italiano. E il malessere profondo della Germania deriva dalla stridente contraddizione tra il successo delle sue grandi imprese, che hanno ricostruito i margini di competitività persi negli anni Novanta, e hanno così riportato la locomotiva d'Europa al primo posto nella classifica mondiale delle esportazioni nonostante l'euro e – altro polo della contraddizione – la stagnazione dell'economia sulla quale pesa la sfiducia delle popolazioni preoccupata per la tangibile erosione dei propri redditi, specialmente se di origine salariale».

Cosa vuol dire? Vuol dire che, malgrado in questa condizione i profitti crescano del 50 per cento, le fortune della grande impresa – contro la dottrina degli anni '50 e '60 secondo cui ciò che era bene per la Fiat era bene per il paese – non solo non fanno il bene del paese, come per altro non è mai stato, ma non fanno il bene dell'economia.

Questa è la nuova contraddizione: le fortune delle grandi imprese non fanno economia, non fanno sistema. Le grandi imprese hanno fortuna e il sistema economico in cui esse sono fondate è in crisi. E lo è essenzialmente perché c'è una sfiducia della popolazione – e questo è l'elemento politico – che poggia sulla perdita d'acquisto dei salari, che è la sua base materiale. Cioè ancora: la rivincita di classe è arrivata a un punto morto.

Di fronte a questo, il problema è *il cambio*. Lo dico con un riferimento molto sommario, ma questa è la fase: *il cambio*.

È per questa regione che oggi si può pensare a un governo con la partecipazione diretta di Rifondazione comunista, che invece otto anni fa fu protagonista della ormai celebre rottura con il primo governo Prodi?

Questo, politicamente, apre una sfida per l'egemonia tra le forze riformiste e le forze radicali. Una sfida in cui le forze radicali possono uscire dalla minorità e avanzare la proposta di un *compro-*

messo con le forze riformiste moderate, nel corso del quale tuttavia venga avanti un'ipotesi generale di riforma, di grande riforma. Candidando perciò la sinistra alla possibile guida di queste coalizioni e candidando il popolo dei movimenti a conquistarsi un programma dal segno di sinistra per queste coalizioni. Quindi, se questo è il quadro, uno dice: «Sai cosa c'è? Ci si potrebbe provare».

Provare il governo?

Ci si potrebbe provare. Perché non è che tu sei un taumaturgo. Ma non solo c'è la crisi del neoliberismo, c'è anche la crisi di quello che chiamiamo il liberismo temperato: quello che viene riproposto costantemente dalle forze del centrosinistra e che è quello che ha già fallito. Del resto, nei momenti di sincerità gli stessi leader riformisti ammettono che non è ipotizzabile una ripetizione del ciclo degli anni Novanta: lo dicono anche loro.

Ti riferisci ad esempio a Prodi, che nel volumetto con cui si è fatto precedere al ritorno dall'esperienza di Bruxelles ha messo in discussione il pensiero unico e l'idolatria del mercato? O a Massimo D'Alema, che ha usato anch'egli parole autocritiche a proposito della «fascinazione» del pensiero neoliberista subita durante il soggiorno a Palazzo Chigi?

Esattamente. Ormai Prodi, D'Alema, Amato... in molti dicono che questa cosa è irripetibile. Dunque: la sfida può aprirsi.

La proposta, la formula che sostieni è quella di un «compromesso» capace di dar forza a una «grande riforma». E naturalmente la prima cosa che viene in mente è il compromesso storico. *L'espressione ti piace oppure, anzi, la temi?*

Io proverei proprio a eliminare l'aggettivazione. Per quel pochissimo che valeva, allora io sono stato contrario al compromesso storico. Anzi, dirò che non ritengo si debba criticare il compromesso storico sulla base dell'esperienza del governo di unità nazionale: quella fu un'esperienza che in qualche modo doveva qualcosa all'elaborazione del compromesso storico, ma non lo rispecchiava. Io sono stato contrario al compromesso storico per una ragione più di fondo: perché non mi convinceva quel tipo di ispirazione. Credo di non aver bisogno di dilungarmi sul perché, vista qual è l'idea della trasformazione che ho. Eppoi, diciamo così, anche per l'appartenenza a una linea di elaborazione come quella ingraiana, così dissimile dal compromesso storico proprio nella concezione del processo di trasformazione e nel rapporto con i cattolici.

E perché oggi «compromesso» senza niente accanto?

Senza aggettivazione perché è quello a cui tu poi ti proponi di giungere per fare un passaggio di realizzazione. Compromesso in due sensi: nel senso di costruzione delle forze necessarie per perseguire l'obiettivo e della realizzazione dell'obiettivo, o l'avvicinamento a questo. La mancanza di aggettivazione è per non dargli una finalizzazione. Perché io lo vedo come attraversamento, come un passaggio. Come si diceva e si studiava un tempo nelle scuole sindacali, l'accordo sempre dentro una concezione dinamica del conflitto, cosa che purtroppo gli anni Ottanta e Novanta hanno pressoché cancellato. L'accordo era l'idea che realizzavi un compromesso e che già nel momento in cui lo realizzavi, non per doppiezza ma per strategia, era un passo per andare oltre. Quel compromesso era precisamente un elemento costitutivo del processo di riforma: un passaggio. Ed era un passaggio dichiarato. Perché non è che stavi imbrogliando il tuo avversario: tu negavi il trascendimento del tuo obiettivo ma ti attestavi su quel punto per una fase, una fase che si configurava come tale.

Ecco, io la penso così anche in politica: un passaggio. E per questo lo direi senza aggettivi. Se dovessi proprio essere costretto a un'aggettivazione lo vorrei far corrispondere a questa ispirazione: quindi aperto, dinamico, tutto ciò che non lo immobilizza in un lungo periodo.

Poi, naturalmente, *ex post* è un'altra cosa. Si è detto che in Europa si è realizzato nel dopoguerra un «compromesso democratico». Ma c'è una differenza fondamentale. E riguarda la natura stessa del compromesso. Se cioè il compromesso di lungo periodo, e in quel caso lo è stato, nella sua dinamicità è il risultato di una contesa oppure è *ex ante* definito come accordo tra i contraenti di un patto che sospendono le ostilità e mettono sostanzialmente fuori gioco la natura dinamica del conflitto e il suo fondamento. Ma è la lotta di classe e dei partiti comunisti, dei sindacati, delle forze di sinistra che ha realizzato nella contesa dopo la vittoria sul nazifascismo ciò che si chiamerà il «compromesso democratico» in Europa. Quello è il prodotto – come avrebbe detto Kelsen – della lotta di classe trasferita nella politica. Quello si poteva definire nel lungo periodo. Gli altri, invece, secondo me vanno definiti come circoscritti temporalmente nel perseguimento di una tappa.

IL 1998 RACCONTATO DALL'AUTORE

Comunque il compromesso già prende un timbro con le primarie, non a caso i commentatori parlano di Prodinotti. Ripartiamo dalla rottu-

ra, allora. Il '98 per un verso sembra un secolo fa, ma per un altro è anche una ferita non rimarginata fino in fondo. Quand'è che tra te e Prodi si è ricucito lo strappo? Quando vi siete di nuovo stretti la mano senza fare gli scongiuri con l'altra?

Come sempre, come nella vita, queste cose accadono senza preordinamenti e in larga misura legate alla casualità. Naturalmente è una casualità – come si potrebbe dire? – fertilizzata. In che senso fertilizzata? Nel senso che si determinano delle condizioni ambientali che possono far nascere il caso. È un caso, ma è un caso che prima o poi si determinerà date certe condizioni.

Ma come è accaduto?

È successo che, se non ricordo male a Bruxelles o a Strasburgo, incontrandoci in un corridoio, mentre da commissario Prodi con i suoi collaboratori entrava in aula e io uscivo, c'è stato un saluto: un saluto cordiale, un saluto alla mano ma cordiale. Che ha riaperto un circuito di comunicazione da cui poi è scaturito un incontro. Ci siamo parlati a lungo.

E quando è stato di preciso?

Saranno due anni. Nell'estate del 2004 abbiamo fatto il dibattito alla festa di *Liberazione*, quindi metti che sia avvenuto a cavallo tra il 2003 e il 2004. E, devo dire, con una grande naturalezza. Perché, appunto, questa poi è la politica quando è fatta con lealtà e, io credo, con onestà di intenti. Possono intervenire grandi momenti di conflitto, ma non travalicano da quello se non c'è un'accusa reciproca di slealtà, di aver combattuto quella battaglia con mezzi illegittimi, non trasparenti. E di quella lealtà, reciprocamente, ci si poteva assolutamente dare atto.

E Prodi non aveva davvero niente da rimproverarti?

Bè, ma no. Io credo proprio che lui non abbia niente da rimproverarmi. A parte il fatto che poi sono io che non accetterei il rimprovero.

Guarda però che a sinistra ce ne sono tantissimi che te lo muovono quel rimprovero, e con sincerità, senza opacità politiche.

Non accetterei il rimprovero, che Prodi infatti non mi fa, perché lui stesso è testimone della mia assoluta lealtà. È accaduto precisamente quello che gli avevo detto. Non è che Prodi sia stato preso alla sprovvista. Perché noi di Rifondazione abbiamo fatto un dibattito alla luce del sole, con una drammatica divisione dentro il partito che è durata mesi. Ancora nel luglio che precede la rottura abbiamo fatto un comitato politico nazionale sull'ordine del giorno «svolta o rottura» e, non voglio qui recriminare, è stato votato pressoché da tutti. E il mio intendimento vi era dichiarato fin da allora: «Svolta o rottura» così, in quel modo. Non è che fosse un'operazione propagandistica. Abbiamo detto: «Guardate che siamo arrivati al bivio». Del resto, avevamo già vissuto l'esperienza l'anno prima, sul filo del rasoio.

Ti riferisci alla legge sulle 35 ore, che poi è rimasta un nulla di fatto ma sulla base della quale è rientrata la crisi di maggioranza con il Prc a fine '97?

Capita spesso che molti commentatori, sbagliando, trasportino quella vicenda sulla crisi dell'anno successivo. Ma non c'entra niente, perché la legge sulle 35 ore la ottenemmo: mai fatta, ma la ottenemmo. E la ottenemmo *in extremis.* Lo può testimoniare Enrico Micheli, che – diciamo – negoziò con me a nome di Prodi dopo la marcia Perugia-Assisi. Proprio all'estremo della rottura trovammo l'accordo, che poi sancimmo in un incontro con Romano Prodi.

Quindi eravamo già arrivati allora alla soglia della rottura. E quando tornai da quella trattativa con un accordo ricordo che ci fu una festa generale. Perché, insomma, molti compagni lo consideravano uno scampato pericolo e altri lo consideravano un buon risultato davvero; quindi ci fu una vera festa. Anche se con la percezione sotto traccia che eri arrivato al limite.

Del resto, contrariamente a moltissimi dei giudizi dei commentatori, quell'esperienza era molto più facile che si rompesse piuttosto che il contrario. Questo Prodi lo sa, perché ne abbiamo discusso tante volte tra me e lui. Quindi lui lo sa più degli altri, perché il nostro rapporto è sempre stato iperleale. Dall'inizio. Ogni volta il miracolo era che continuasse, non che rompesse. Arriverà il momento in cui se ne potrà discutere serenamente. Adesso forse è arrivato, benché a volte si sentano ancora delle code avvelenate in certe parti della sinistra.

Sette anni forse bastano: chi vota per la prima volta alle politiche del 2006 allora andava alla scuola media. Perché non provi a raccontare la tua versione dei fatti?

Noi partiamo con la desistenza. E vorrei che qualcuno facesse l'esercizio di andare a vedere quale era il programma del centrosinistra e qual era il programma di Rifondazione comunista. Vorrei anche ricordare che il centrosinistra allora era un'entità omogenea: il centrosinistra. Questo centrosinista aveva un suo programma. La distanza dal nostro era grandissima. Tanto non solo da impedire una convergenza programmatica, ma anche da impedire la fissazione di un qualche obiettivo comune.

Del resto, in campagna elettorale una parte importante del centrosinistra sosteneva che non si poteva fare l'accordo di governo con Rifondazione comunista. E lo stesso Romano Prodi sosteneva l'autosufficienza del centrosinistra e l'esigenza di non fare l'accordo con i comunisti. In quel momento non riuscimmo neanche a definire tre punti programmatici di convergenza: tu hai il tuo programma, io ho il mio, tre punti. Neanche. Non solo: quando vincemmo le elezioni facemmo noi uno scatto politico con cui decidemmo di far nascere il governo.

Perché quello scatto politico e non una contrattazione sul programma? Perché se avessimo fatto una contrattazione sul programma quell'esperienza di governo non sarebbe nemmeno cominciata e saremmo stati fucilati dalla gente perché saremmo dovuti andare immediatamente a nuove elezioni. Non so se è chiaro. Quindi, rispetto a una vittoria che produceva uno stato di necessità, noi diamo vita a un governo di cui non facciamo parte: in cui non abbiamo un ministro, un sottosegretario, un usciere alla Rai; nulla di nulla.

Proprio nulla? Di' la verità...

Nulla. E non chiediamo nulla di nulla per tutto il periodo. Davvero sosteniamo la maggioranza gratuitamente in nome di un ragionamento politico. E di volta in volta con logoranti e difficilissime discussioni, tanto che poi ci accusarono di avere un rapporto privilegiato, Prodi ed io.

Ed era vero, come in parte accade anche oggi. Inutile far finta che in politica non si faccia spesso di necessità virtù, e anche con un po' di autosuggestione...

Era un riflesso semplicemente legato al fatto che, ovviamente, se stai in due, se c'è il centrosinistra ipermaggioritario e tu sei necessario alla sopravvivenza del governo, avendo programmi diversi c'è una costrizione a cercare degli accordi passo per passo.

Abbiamo inventato per due anni e mezzo acrobaticamente. In un passaggio la cui densità vorrei ricordare: la costituzione dell'euro e l'ingresso dell'Italia nell'euro. In una condizione in cui il centrosinistra è per Maastricht e noi siamo contro Maastricht. E però, caso unico in Europa per un partito comunista, noi siamo per l'euro. E si tratta di una condizione nient'affatto paradossale, come si vede adesso nel rifiuto del trattato costituzionale europeo da parte dei popoli, a partire dal referendum francese. Noi siamo europeisti in anticipo, quindi l'euro, ma critici. E siamo oppositori della modalità concreta, il basamento economico su cui viene fondata questa Europa, di cui Maastricht è la dottrina, la linea guida.

Immaginati cosa costano a Rifondazione i sacrifici di allora, un momento in cui hai la riduzione del debito e contemporaneamente il tentativo di salvaguardare le pensioni, la sanità, i salari. Questo è: un percorso accidentatissimo. E faccio notare che già il primo elemento di salvezza, le 35 ore, non è indigeno. Noi non ci saremmo mai salvati senza che, provvidenzialmente, Jospin non avesse annunciato la legge sulle 35 ore in Francia proprio qualche giorno prima della Perugia-Assisi in cui facciamo l'accordo. A quel punto la nostra forza diventa molto grande, perché io dico: «Vabbè, ma scusa, prendiamo il modello francese. Come fai a rifiutarlo totalmente?». Quindi, con una supplenza che, diciamo, ci viene dall'esterno, valichiamo la prima volta e non valichiamo la seconda. Questa è la storia di fondo. Le altre esistono, ma sono tutti corredi da *politique politicienne*, francamente poco influenti.

Per cui, diversamente dai cori, i protagonisti si sono sempre dati atto di una reciproca lealtà: Prodi sapeva nel corso della discussione che lui poteva determinare un cambiamento oppure no; e noi sapevamo da luglio, ne sono testimoni tutti i compagni di partito, che le cose si mettevano male. Perché io, che avevo discusso lunghissimamente con Prodi in tutti quei due anni, mi ero accorto di un irrigidimento. Perché da un certo punto in poi, datiamolo grossomodo nel luglio del 1998, ogni nostra richiesta era considerata irrecepibile.

Parli di un irrigidimento da parte di Prodi in persona oppure come leader di una coalizione che non vi sopportava più, o che altro?

Io penso che quell'irrigidimento sia stato determinato da una sorta di ricatto politico operato da Confindustria. Secondo me hanno più o meno detto al governo che qualunque concessione a Rifondazione comunista, di qualunque genere, era considerata da loro incompatibile con il sostegno manovrato di cui l'esecutivo disponeva in quella fase così difficile. Penso che il conseguimento dell'ingresso dell'Italia nell'euro avesse posto in essere, con grandissima determinazione, una scelta di campo da parte delle imprese per ottenere da lì in avanti una conduzione, soprattutto della politica economica, meno orientata a un compromesso sociale. E io penso che questo abbia determinato in qualche modo un vincolo per Prodi.

Quindi la possibilità di un compromesso l'ho vista venire strada facendo sempre più ardua. E dall'altra parte mi è sembrato che lui stesso avesse messo in conto quella collisione. Da questo punto di vista non c'è nulla di non detto: la recriminazione non insorge neanche, perché non c'è ragione.

In molte ricostruzioni è stata chiamata in causa anche la guerra nei Balcani: il fatto che servisse un governo di centrosinistra meno caracollante di quello che si fondava sui voti di Rifondazione e pronto a fare la sua parte tra i grandi dentro il sistema delle alleanze atlantiche..

Bé, secondo me c'è entrato. Non ne parlo volentieri perché vorrei avere delle pezze d'appoggio, non vorrei fare processi alle intenzioni. Ma certo, nella ricostruzione *ex post* quell'elemento secondo me ha contato molto. Sto alla ricostruzione politica, non ho pezze d'appoggio, faccio un ragionamento deduttivo. Però io penso che lo stesso Prodi fosse considerato meno in grado di altri di garantire la condivisione da parte dell'Italia della guerra nei Balcani.

Adesso blandisci il professore perché ha detto che in caso di vittoria dell'Unione saranno ritirate le truppe come ha fatto Zapatero?

No no, qui non c'entra l'Iraq. Quella è la cosa che dice con lucido cinismo Francesco Cossiga, com'è nell'intelligenza della persona. Cossiga dice che a garantire quella collocazione dell'Italia ci voleva un uomo che venisse dalla sinistra. Perché a quel punto, su un passaggio così delicato e così difficile, bisognava che quello che altri chiamano occidente fosse garantito da una collocazione precisa dell'Italia in quella direzione. Ed era chiaro che, piuttosto che un uomo dell'area cattolica, l'avrebbe garantita più efficacemente un uomo della sinistra e dentro una disponibilità generale della sinistra moderata a quella scelta. Peraltro, al di là della guida del governo, è evidente che un governo con il nostro appoggio sarebbe stato indisponibile a quell'impresa. Quindi, se la guerra era nel novero delle cose pensate, la rottura con noi doveva essere determinata.

Mettiamo invece che, più machiavellicamente, abbiate lasciato allargare lo strappo pensando a un governo di transizione – chessò, un governo Ciampi – per poi ricucire attraverso l'elezione di Prodi al Quirinale con i voti di tutto il centrosinistra e l'ingresso del Prc in un successivo governo a guida di sinistra...

Assolutamente no. Non è mai esistito. Ricordiamoci che appunto c'è di mezzo la guerra.

Avete scampato la fucilazione – come l'hai chiamato tu – all'atto di nascita del governo. Rifondazione ha però scampato anche una seconda fucilazione elettorale dopo la rottura. Se si votava, addio Prc.

Certo che è stata durissima...

Di più: se non c'era il semestre bianco a proteggervi – visto che la rottura si è verificata pochissimi giorni dopo il suo inizio – ci sarebbero state nuove elezioni in cui forse il partito sarebbe stato cacciato sotto la soglia di sbarramento...

Chi lo sa, chi lo sa... Intendiamoci, l'accerchiamento è stato di una violenza rara.

Bè, sapevate dove andavate a parare: sapevate cosa rappresentava il governo dell'Ulivo in termini simbolici ma anche concreti di riscatto per il popolo delle sinistre, senza contare quel vero e proprio totem che è l'unità a sinistra...

Ma anche i toni, francamente... Lì penso ci sia stato un elemento grave di inquinamento della politica. La sinistra è come se avesse vissuto in quella stagione proprio un soprassalto di eredità staliniana, una inimicizia verso la sinistra diversa da sé che punta a una furia distruttiva. Lì una parte importante della sinistra moderata ha pensato di annientarci, lo ha perseguito con grande determinazione: ha introdotto nel popolo tutta la più volgare aggressione alle persone, non solo al partito ma anche a me che simboleggiavo quella rottura. Insomma: tutto l'orribile vecchio corredo per cui se non sei con me sei un traditore, non un punto di dissenso politico con cui ci si può scontrare liberamente. Veramente un ritorno inquietante: la sollecitazione degli istinti peggiori, l'uso disinvolto degli organismi pubblici, la mobilitazione della televisione contro di noi e contro di me personalmente. Veramente uno scandalo di regime.

Ma l'imitazione di Corrado Guzzanti faceva davvero ridere: ti beccava in pieno...

Ma Guzzanti è del tutto fuori: Guzzanti è una divertentissima presa in giro. No. Io parlo della politica, di come era condotto il *Tg3*. Eppoi – non parliamo di corda in casa dell'impiccato – non mi dimenticherò mai la pubblicazione sul *manifesto* del fotomontaggio con me in ginocchio davanti a Berlusconi: una cosa terribile. Ma noi ce la siamo cavata. Facevamo anche gigantesche manifestazioni. Anzi, forse manifestazioni così non ne abbiamo più fatte. Naturalmente, anche questo era un riflesso condizionato, un istinto difensivo. E ricordo, perché mi toccò di fare in quel periodo una campagna elettorale a Milano, la difficoltà di parlare.

Quindi non dico che lo scampato pericolo di cui parli sia infondato, ma penso che sotto botta noi ce l'avremmo fatta comunque: grazie precisamente a questo spirito di partito che era diventato veramente traboccante. Ripeto: basta che tu guardi le manifestazioni di quel periodo, perché – appunto – prevaleva uno spirito di corpo.

Ma più che la politica si portava in piazza l'orgoglio dell'identità ferita, soprattutto dalla scissione cossuttiana, e accerchiata dagli alleati e i compagni di un tempo…

Sei così sotto botta che hai quasi un elemento drogato di reazione. Ma proprio per questo penso che ce la saremmo potuti cavare. Certo, è vero, noi con quella scelta abbiamo rischiato la morte del partito.

Insomma ammetti: se non c'era il semestre bianco rischiavate le penne.

Ripeto: non lo so. In ogni caso, le abbiamo rischiate. E le abbiamo rischiate consapevolmente. Ma tu sai che io penso anche che nasca da lì il percorso della rifondazione che noi oggi stiamo vivendo. Senza quel passaggio noi non avremmo potuto fare il percorso di rifondazione. C'è anche un po' di eterogenesi dei fini naturalmente, non c'è un percorso lineare: ma in quell'atto c'è davvero un elemento della rifondazione.

Addirittura tu hai affermato che «la» rifondazione cominciava davvero con quella scissione. In che senso?

Quale era l'elemento rifondativo? Il valore dell'autonomia del tuo progetto. Di fronte, cioè, al rischio di omologazione e cancellazione dalla sfera della politica della sinistra radicale e anticapitalistica, la determinazione a farla vivere. Anche contro quello che sembrerebbero dettare le leggi della contingenza politica. Diciamo: una rottura in nome di un investimento sul futuro. Cioè, sull'irriducibilità della tua formazione politica al sistema: al sistema in generale e al sistema politico in particolare.

Quella lacerazione arriva agli sgoccioli di un decennio che in politica ha fatto registrare un cambio della guardia. In Europa arrivano Jospin, Blair e Schröder a riaccendere la fiamma socialdemocratica. Mentre Clinton diventa presidente degli Stati uniti proprio nell'anno e nel mese in cui cadeva il governo Berlusconi. Anche quello un passaggio che è stato oggetto di un'altra controversia politica interna a Rifondazione durante il governo Dini, la cui finanziaria ottiene la fiducia grazie a una parte consistente dei deputati del gruppo...

Mi ricordo. Erano tanti, e poi erano autorevoli.

Tra gli altri c'era il tuo predecessore nell'agone delle primarie, Nichi Vendola...

C'era Lucio Magri, me lo ricordo nella riunione di direzione. E Sergio Garavini, Rino Serri, Luciana Castellina, Luciano Pettinari. Giusto? Gente forte, eh?

A pensarci, lo sai che noi abbiamo rischiato sempre? Qualcuno può trovar bene da dire che sono un avventurista. Però quello di andarsene, secondo me, da parte loro è stato un errore clamoroso. Mi aveva molto addolorato, ma ancora di più per via delle persone. A parte il fatto che, se fossero rimasti, noi su Prodi avremmo perso: sarei stato battuto nel partito. Lucio, la raffinatezza del suo ragionamento politico non è mica uguale a certi altri.

Curioso il mondo, eh? Gli elementi di casualità sono qualcosa di straordinario. Figurati: se rimanevano e si alleavano su Prodi con chi era contrario alla rottura, ma neanche morti saremmo passati su quella rottura...

Ma a quei tempi, nel '95, eravate tu e Cossutta ad essere sincronizzati come orologi. E, per usare un eufemismo, non faceste nulla per trattenere quelle partenze. Secondo te quale fu allora l'elemento dirimente della differenziazione che portò al divorzio?

L'asse del ragionamento era: salvarci dalla destra da un lato, proprio per dare forza a un'ipotesi di riformismo forte che fosse capace di prevalere anche sulla sinistra moderata. Competizione e accordo è sempre il massimo per Rifondazione. Ma era diverso il giudizio sulla natura di quel riformismo là: loro investivano sull'idea che da lì potesse uscire un'ipotesi di trasformazione possibile e noi dicevamo no, da lì esce in realtà un'ipotesi moderata.

Eppure è vero che in quel momento da tutta Europa spira un vento di socialismo e di sinistra dopo gli anni bui di Reagan e della Tatcher. E forse anche per questo il governo Prodi suscitava tante aspettative...

Quello è il vero ciclo forte del riformismo. E noi giochiamo in quella fase una partita disperata. Come è anche vero che, in questo prevalere del riformismo, la Francia e l'Italia erano in realtà quelle che si prestavano nel centrosinistra a una possibile apertura a sinistra: come avrebbe detto De Martino, a «equilibri più avanzati». E invece lo spiraglio poi si chiude rapidamente in Italia e si chiude in realtà anche in Francia, che pure ha il più dignitoso dei governi di quella fase. Tutti governi attraversati da un'illusione, questo è il punto chiave.

Quale illusione?

Quella stagione riformista poggia tra l'altro sull'idea chiave che questa globalizzazione favorisca la crescita e la redistribuzione della ricchezza. Addirittura si ricorderà che c'è un vero e proprio lancio di cultura apologetica dell'innovazione e della modernizzazione, malgrado i pesanti e visibili contraccolpi sociali. Perché non vorrei si dimenticasse che nel '92 e nel '93 ci sono i due accordi sulla concertazione. Nel '92 c'è l'accordo che mette in ginocchio la Cgil, con le dimissioni di Trentin e il ritorno di Trentin pentito a settembre. E noi sconfitti.

Noi chi?

Noi di *Essere sindacato* (allora minoranza di sinistra della Cgil, *ndr*). Nel '93 c'è poi l'accordo cofferatiano, anche se lo fa Trentin. E noi definitivamente sconfitti. Tant'è che lì si produce la rottura e anche la manifestazione da cui poi nascerà la mia collocazione in Rifondazione: perché, appunto, Rifondazione comunista è contro l'accordo del '93 come la minoranza di *Essere sindacato*.

Nel '94 vengono i Progressisti, la «gioiosa macchina da guerra» con cui perdiamo. Tra il '94 e il '96 c'è Dini: Berlusconi cade dopo lo sciopero sulle pensioni e con l'abbandono della Lega. Poi gioca la desistenza, il fatto che noi siamo contro, ma per l'unità. Radicalità e unità, come ho detto, è sempre il nostro massimo: con il governo Prodi noi teniamo la pista radicale nella lotta sulle pensioni eccetera, ma ne usciamo nell'unità. È il massimo della nostra opposizione sociale. Peraltro è una opposizione sociale al ciclo del vincente centrosinistra nel mondo: per cui noi siamo, insieme, la spina nel fianco e anche una speranza della sinistra. Un auspicio che poi si scioglie negativamente, così come tutto il centrosinistra mondiale si scioglierà negativamente. Non è Prodi: è Clinton, è Blair, è Jospin, è tutto.

Ma dal momento della vittoria di Blair si era accesa una qualche speranza, c'era un'attesa reale di cambiamento che poi ha trovato conferme in altri paesi europei e negli Stati uniti prima di ripiegare nella delusione...

Ma a vincere è subito quella linea lì: vince la linea della modernizzazione. L'attesa negli anni Novanta è in realtà bassissima: c'è una resistenza operaia e basta. Non c'è niente, è il deserto: non ci sono movimenti, non ci sono conflitti. Tu fai tutti gli anni Novanta senza uno sciopero generale. Prova a pensare: gli interi anni Novanta senza uno sciopero generale, dappertutto. In Francia la lotta viene prima: sono le grandi lotte del pubblico impiego che portano alla vittoria Jospin, ma in presenza di Jospin la lotta non c'è. Le lotte sono tutte precedenti. Il ciclo degli anni Novanta è un ciclo di desertificazione sociale e di bassissima aspettativa: è un ciclo tutto di supplenza della politica e con questa idea riformistica. Non è un'attesa di cambiamento, è un'attesa che il centrosinistra tamponi.

Tuttavia il cambiamento c'è. Reagan e la Tatcher, attraverso i successori Bush e Major, passano la mano al fronte progressista...

Perde l'ipotesi dell'accelerazione liberista, quella di Reagan e Tatcher, che non casualmente era nata da due grandi sconfitte sociali: minatori e controllori di volo. Quella terapia d'urto viene giocata su un'ipotesi drastica di politiche liberiste e governo di destra. E su questo slancio riprende effettivamente l'economia. Perché crescono: crescono gli Stati uniti così come la Gran Bretagna.

Ma è sempre su quello slancio che nasce questa idea del governo della modernizzazione, che poi sarà di tutto il ciclo riformista. Se si ricorda, la prima idea fissa di quella fase, che rimaneva tutta dentro questo ragionamento, era quella di dare le regole alla globalizzazione, associandosi in mercati di impresa. Questo era. In tutto il mondo: America, Francia, Germania... Anzi no, perché Kohl dura di più. Prodi discute con Kohl l'ingresso in Europa, altrimenti non ci sarebbe riuscito. Ci riesce perché Kohl fa un'operazione davvero incredibile.

Stai dicendo che l'Italia nell'euro è anche merito di Kohl, l'ultimo democristiano in senso classico nell'almanacco dei capi di governo europei? Cos'ha avuto Kohl di diverso dagli altri capi di governo conservatori?

Adesso, a pensarci, quasi non ci si rende conto. Eppure... Io non so se gli uomini di sinistra possano avere il coraggio di tanto. E per di più rispetto a due capisaldi proprio interni al capitalismo: l'apertura a est e la messa in discussione del marco. Tu ti rendi conto cosa vuol dire il marco? Il marco è un'idea di vita! Kohl ha avuto un coraggio gigantesco. E infatti l'ha anche pagata.

A parte Kohl, però, quello è il ciclo in cui ci trovavamo. È il riformismo degli anni Novanta, che è l'ultima stagione vera del riformismo, poi non si sa più cosa significhi. Quel riformismo è un'idea partecipata del governo del mondo, il multilateralismo, insieme a un'idea di temperamento del liberismo.

La governance...

La *governance*, perfetto. Quest'idea fallisce. E questo spiega anche perché cade Prodi all'interno di un ciclo in cui prima o poi cadono tutti.

IL PARADIGMA LIBERISTA DELLA GLOBALIZZAZIONE

Eppure si presenta come un ciclo ambizioso. La fine dei blocchi contrapposti, il processo di costruzione dell'Europa con l'euro, l'attenzione rivolta al sud del mondo, un presidente degli Stati uniti che non si imprigiona nell'immagine del comandante in capo...

Noi abbiamo negli anni Novanta l'ultimo riformismo conosciuto. E così conosciuto che è un fenomeno che riguarda, se non il mondo intero, l'occidente. In realtà va da Washington a Berlino, da Clinton a Schröder, passando per molti elementi. Si costituisce una trama di governi riformisti nell'occidente. Questi governi, secondo me, nascono su un'idea che si vedrà in maniera più accentuata verso la fine degli anni Novanta, ma che già vive all'inizio. E che, grossomodo, è la seguente: il mondo è investito da un processo di modernizzazione il cui motore è una vera e propria rivoluzione industriale con la quale si passa dallo sviluppo fordista-taylorista a quello che in carenza di definizione è stato chiamato il postfordismo, questa rivoluzione non è solamente una rivoluzione tecnico-scientifica ma è una rivoluzione *tout court*. Cosicché di questa rivoluzione vengono espunte le definizioni.

Quali definizioni?

Vengono cancellate domande come: che natura ha questa rivoluzione? Si cancella il fatto che si tratta di una rivoluzione capitalistica e, peggio ancora, una rivoluzione capitalistica restauratrice. Anzi, con la definizione assertiva di rivoluzione si fa intendere che si tratti precisamente della modernizzazione dei nostri tempi. Questa modernizzazione avrebbe, secondo i riformisti, una potenzialità di costruzione di ricchezza e di redistribuzione di ricchezza maggiore dei cicli precedenti. E quindi la politica dovrebbe esprimere soprattutto un'idea di governo, di *governance*, di governabilità. Ovvero di definizione delle regole attraverso le quali si possa dischiudere le potenzialità iscritta in quella rivoluzione.

Si dice sempre che alle sinistre tocca il governo nel momento del bisogno, quando c'è da fare il lavoro sporco e da chiedere i sacrifici, perché poi il timone torni alle destre nelle fasi espansive e di benessere. In questo caso non potrebbe essersi invertita la formula? Il lavoro sporco lo aveva fatto il ciclo reaganian-tatcheriano e i centrosinistra hanno forse vagheggiato l'idea di scippare le redini di quella crescita...

Sì e no. Per una parte, in fondo, l'operazione della destra viene considerata brutale ma non priva di una *ratio*. In realtà la sinistra moderata non ha un'autonomia fino al contrasto del paradigma dell'operazione neoliberista, in qualche modo riconosce un fondamento, seppure ne teme gli esiti estremi e il modo di governare.

Non si può non vedere che entrambe le esperienze, quella di Reagan e quella della Tatcher, nascono dal rovesciamento dei rapporti di classe in un conflitto di lavoro gestito politicamente: lo scontro con i minatori in Gran Bretagna – basta vedere i film di Ken Loach – e lo scontro preteso e voluto da Reagan con i controllori di volo. La matrice di quei governi è dichiaratamente generata dal conflitto di classe e dalla vittoria di classe: qualcosa di analogo ai 35 giorni in Italia con lo scontro alla Fiat. Appunto: una restaurazione di classe. Però una restaurazione che dava luogo a un processo di liberazione dell'economia da tutti i lacci e lacciuoli, secondo la tesi e la vulgata liberista.

A questo paradigma i riformisti non sono avversi: sono diversi ma non avversi. E quindi sono nella condizione di ereditare questo primo ciclo. Anche perché questo ciclo, che aveva formulato delle promesse, non riesce a realizzarle: precisamente per il carattere assolutistico con cui viene sviluppata la premessa neoliberista. Quindi i riformisti si propongono come revisione dell'ipotesi del neoliberismo, ma non come alternativa. E nasce da qui quella che poi prenderà la forma e la sostanza di un'ipotesi di liberismo temperato. Appunto: non il ribaltamento della riscossa della destra ma il riconoscimento di una sua verità interna, la correzione degli estremismi nelle forme di governo e nell'esercizio del conflitto di classe, la fuoriuscita da quel ciclo attraverso una vittoria egemonica per affermare chi è più in grado e ha maggiore attitudini nel governare la rivoluzione capitalistica in corso.

Si produce dunque una competizione su chi dia maggiori *chance* alla rivoluzione capitalistica in corso, la globalizzazione. E i riformisti si candidano nel mondo occidentale a governare sulla base di una maggiore capacità di diffusione della potenzialità iscritta in quella rivoluzione, invece rattrappita o dalle forme di governo delle destre o dal fatto che le destre alimentano un conflitto sociale e di classe in ultima istanza nocivo a quello sviluppo, che al contrario necessita dell'attenuazione fino alla riduzione del conflitto.

Non è casuale che uno degli elementi su cui si poggiano tutte queste esperienze di centrosinistra è il patto sociale, che in Italia prenderà la forma della concertazione. Questo del patto sociale delle forze produttive è uno degli elementi costitutivi della forma di governo che i riformisti degli anni Novanta propongono per realizzare la loro proposta di liberismo temperato.

A questa riduzione del conflitto nei mercati interni, corrisponde anche un'idea di riduzione del conflitto su scala mondiale attraverso una forma di partnership con gli Stati uniti d'America e la costruzione di un'Europa come partnership aggregata, dentro un'idea di governo multilaterale del mondo. Si tratta tuttavia di un mondo unipolarmente organizzato attorno all'impero americano, alle grandi multinazionali e alle grandi istituzioni che la globalizzazione propone: dal Wto, all'Organizzazione mondiale del commercio, alla Banca mondiale.

Un trapezio con un lato a perdita d'occhio, insomma.

Esatto. Ma questa ipotesi si sviluppa anche perché nella più parte dei casi si assiste a una desertificazione del conflitto. Il conflitto sociale tende, diciamo, a non esercitarsi. In realtà per una ragione di fondo.

Perché i lividi degli anni Ottanta dolgono ancora molto. E, per dirla con una battuta, la lotta dura senza paura si è rifugiata nella lotta normale senza farsi male...

Tutti i movimenti operai provengono da una sconfitta. E la ristrutturazione capitalistica che ha preceduto il lancio della globalizzazione ha demolito le resistenze e le difese di classe. I 35 giorni, i minatori, i controllori di volo li abbiamo citati semplicemente per indicare i simboli di questo smantellamento delle difese di classe.

A questo si aggiunge una grande operazione ideologica, che è quella che poi determinerà le basi per una confluenza nel pensiero unico. Questo riformismo non solo lavora sulla desertificazione del conflitto, ma propone la dissoluzione del conflitto di classe per mancanza di materia prima. Sostanzialmente, cioè, pensa e dice che il conflitto di classe si esaurisce perché si stanno esaurendo gli operai.

È un riformismo che prende lucciole per lanterne. Vede un mutamento radicale nella composizione sociale di classe, vede il mutamento attraverso le tecnologie della prestazione lavorativa e delle caratteristiche del lavoro, ma non vede che questo processo non porta affatto all'eliminazione del lavoro salariato e in particolare alla scomparsa del lavoro operaio. Vorrei ricordare che a quella fase appartiene anche l'illusione della fabbrica senza operai: viene quasi teorizzata, insieme alla fine del capitalismo, anche la dissoluzione degli operai e una sostituzione sostanziale del lavoro con la tecnologia.

Che, senza per questo aprire qui un capitolo sull'argomento, resta un'ambizione alta e nobile, non trovi?

Ma invece lì viene usata per rendere invisibili gli operai: marginalizzarli nell'analisi sociale al fine di marginalizzarli nelle istanze e nelle rivendicazioni. Accompagnano gli operai fuori dalla politica per cancellare nella politica il conflitto di classe.

E così gli apologeti di quella trasformazione risulteranno del tutto impreparati al fatto che invece gli operai, gli operai in senso stretto nel mondo, aumentano anche numericamente. E risulteranno del tutto impreparati al fatto che il conflitto di lavoro tornerà a essere assolutamente decisivo, perché nella globalizzazione il costo del lavoro e la flessibilità sono un elemento centrale della competizione capitalistica. Di qui una nuova aggressione di classe al lavoro e al lavoro subordinato.

Il boomerang riformista

Insomma, il ciclo riformista sostanzialmente fallisce perché aveva assunto tra le premesse gli assi portanti della rivoluzione neoliberista…

Quell'esperienza fallisce, diciamo, in tutte le sue componenti, comprese quelle che prendono questa idea di riformismo moderato nel suo punto più impegnativo. E io penso che questa sia l'esperienza di Jospin in Francia. Quello che ha tenuto più di tutti quell'ispirazione riformistica è stato proprio Jospin. Perché lui ha ottenuto il compromesso reale: lui le 35 ore le ha fatte. Onestamente, su quella linea, lui ha fatto il meglio che si potesse fare. Salvo un qualche deficit di afflato popolare, perché personalmente era troppo algido. Ma dal punto di vista delle politiche di governo lui è stato il migliore, il vero portatore di quell'idea. Perseguita anche con qualche coerenza: il discorso sull'euro, il temperamento, la possibilità degli obiettivi sociali da mettere accanto a Maastricht, le 35 ore all'interno.

Dentro quella stagione di riformismo della fine del secolo, l'esperienza di Jospin è quella che più prova a dare un senso a questo riformismo: cioè a non accettare semplicemente che la rivoluzione capitalistica, restauratrice, conservatrice realizzi il dominio del mercato e la sussunzione della politica nel mercato. Il governo francese tenta il compromesso tra questo riemergere del mercato e la politica anche come capacità di interpretazione degli interessi popolari. Forse il manifesto di questo compromesso è la legge sulle 35 ore, la legge Aubry.

Quel compromesso che noi chiedevamo a Prodi lui l'ha fatto. Noi non chiedevamo molto di più di Jospin: grossomodo chiedevamo quello. Questa era la mia idea.

Quale idea?

Io pensavo che se noi avessimo prodotto una massa critica Jospin-Prodi veniva avanti una linea di equilibri più avanzati sul piano europeo: dentro l'esperienza del riformismo tenue degli anni Novanta si produceva una fuoriuscita moderatamente di sinistra. Questa era l'idea.

E invece?

Invece si era consumata una cosa più di fondo: si era cioè consumata proprio quell'idea lì di riformismo. Perché la globalizzazione in realtà andava verso la crisi anziché andare verso la crescita. Il nuovo secolo era quello: la turbolenza economica generale. Loro, i riformisti, hanno fatto tutti gli anni Novanta aspettando una crescita che veniva dall'America, che cresceva tanto, con incrementi di produttività spaventosi. Hanno pensato che quella crescita si diffondesse su scala mondiale e che scomparisse la contraddizione di classe, mentre intanto si riduceva e sostanzialmente si svuotava il serbatoio di classe. Pensa all'enfasi sulle nuove tecnologie.

E perché neppure Jospin ce la fa a giocare la partita?

Fallisce in primo luogo per la perdita di consenso. In un ciclo successivo tutti questi governi verranno sconfitti, spesso da destra. Tra l'altro, questo fatto da solo richiederebbe l'accantonamento definitivo delle ipotesi volgari di interpretazioni della crisi del '98: perché, se fosse dipeso dall'eccezionalità di un conflitto tra

Rifondazione e il centrosinistra in Italia, avremmo avuto una sconfitta qui ma la continuità altrove; invece perdono tutti, anche dove non c'è la crisi. Perdono perché è la loro ipotesi in primo luogo che perde: non sono in grado di far vivere un consenso di massa intorno a quella ipotesi.

E qual è il motivo di questa crisi di consenso che poi muove addirittura verso una destra che prenderà i contorni teocon?

Perché si consuma quel tanto di delega rimessa a questi governi, una delega che in qualche caso era stata determinata anche come supplenza e compensazione di un potere perso con la sconfitta degli anni Ottanta. Quella sconfitta aveva indotto grande parte delle masse a delegare ai governi riformisti anche la propria tutela, dentro una delega più grande, resa obbligata dalle condizioni oggettive, a stare all'interno del processo di modernizzazione. In qualche misura avevano fatto affidamento sui governi di centrosinistra, sul fatto che potessero dispiegare una capacità difensiva e anche espansiva. Questo affidamento alle fine ha prodotto un bilancio che rendeva impossibile proseguire: perché era un bilancio sociale decisamente negativo. Cioè: si deteriora brutalmente la condizione delle popolazioni, e non solo quelle lavorative. Alla fine del ciclo riformista i cittadini si sono trovati in condizioni peggiori di come c'erano entrati, sia dal punto di vista delle condizioni materiali che del riconoscimento delle soggettività politiche. E in particolare sono gli strati più esposti al mercato e alla ristrutturazione a ritrovarsi in quelle condizioni.

Usiamo il caso francese come metafora generale, perché è l'esperienza di governo più avanzata in quel ciclo. E usiamo l'esperienza riformista secondo me più avanzata del governo francese rispetto alle altre, le 35 ore.

Le 35 ore che, nonostante siano state effettivamente varate dal governo francese, in sostanza si riveleranno un fallimento pure quelle, vero?

Cosa succede con le 35 ore, per il modo compromissorio con cui la legge viene realizzata e gestita? Succede che gli strati alti della popolazione lavorativa ne hanno un beneficio reale. Tanto che in Francia si parla del tempo delle 35 ore: perché gli strati alti della popolazione lavorativa hanno una riduzione del tempo di lavoro a parità di salario, e hanno un tempo liberato da poter gestire in autonomia e come arricchimento della propria prospettiva di vita. Ma succede anche che gli strati medio-bassi della popolazione lavorativa sono costretti a scambiare la riduzione dell'orario di lavoro con un aumento della flessibilità. Resta la parità di salario, ma la riduzione dell'orario viene ottenuta in un negoziato con le imprese attraverso un aumento della flessibilità: cioè l'acceso a orari di lavoro più disagevoli, turni notturni, lavoro al sabato, un andamento dei turni discontinuo...

Fino al distacco dagli affetti, i figli che non si possono vedere perché per una settimana si fa il turno di notte, la vita personale sconquassata. Giusto? Andrà così in Italia nelle riprese di lotta operaia, come a Melfi.

Ciò produce una vera e propria crisi sociale: una crisi affettiva. Dunque, malgrado la conquista, essa si converte in un disagio. E questo produce una disaffezione. Se vale su un punto così avanzato come le 35 ore, tanto più vale in generale.

Che cosa viene messo in discussione sul piano generale? Precisamente il compromesso riformista. Che si è rivelato – diciamolo con una formula volgare – invece che un compromesso una gigantesca trappola.

Ma ci sono anche l'euro, il processo di costruzione dell'Europa, il lavoro che hanno fatto, per esempio, i governi italiani per la riforma delle Nazioni unite tentando di allargare i processi decisionali rispetto alle grandi potenze e agli Stati uniti in primo luogo...

È vero. Da questo punto di vista ci sono molti elementi. Ma sempre frutto di un'illusione. Ne è figlia anche l'Europa così com'è, quella che sarà riassunta nel trattato costituzionale: l'Europa del liberismo temperato, della partecipazione multilaterale della costruzione politica funzionale a questi due obiettivi. Cioè sostanzialmente tecnocratica e sostanzialmente a-democratica. In questo il riformismo è proprio cedevole perché, in nome della *governance* e dell'alternanza, non solo abbandona qualunque ipotesi di alternativa di società ma risulta sostanzialmente indifferente anche alla natura della democrazia, dell'organizzazione democratica, della partecipazione e del valore del conflitto. Ed è così perché preso – diciamo – da una sorta di copertura neo-illiuministica a una guida elitaria e tecnocratica. Cioè dice: noi sappiamo qual è il compromesso possibile e pieghiamo le grandi organizzazioni del movimento operaio a organizzatrici del consenso intorno a questa possibilità.

Venti di guerra e rivincite di destra

Pensi che quella specie di paravento sia calato anche rispetto alla guerra? Quando l'Italia intervenne nei Balcani, pochi mesi dopo la caduta del governo Prodi, ci furono molte scelte di silenzio. La Cgil, per esempio. Mentre l'allora capogruppo dei Ds Fabio Mussi, altro esempio, soffrì in tutti i sensi a tenere insieme i deputati...

La guerra locale è una caratteristica della fase finale del ciclo riformista. Costruita su un'idea della guerra per espandere i diritti, è in realtà l'ultimo drammatico errore della politica riformista. La guerra nei Balcani è una cosa terribile. Ed è quasi il simbolo della loro sconfitta. Al governo per pensare a un futuro senza conflitti all'interno e all'esterno, si trovano a praticare la guerra con la motivazione incongrua dell'espansione dei diritti, in una condizione in cui si allarga proprio nell'occidente il rifiuto da parte di larghissime fette della popolazione di tutte le guerre e di quella guerra in particolare. Una guerra sempre più percepita, invece, per quella che è: una guerra di dominio e una guerra imperiale.

La guerra nei Balcani è anche l'ultima dentro la vecchia Europa. E insieme, forse, la sconfitta della nascente Europa soggetto politico...

Perché è costruita dall'esterno su una scelta del governo nordamericano, appoggiata dall'Onu. Ma anche qui – questo è un altro punto importante – c'è la fine di quel ciclo riformista: prima ancora dell'11 settembre e della reazione a catena che ha innescato. Perché è il declino del ciclo riformista che genera le basi di un nuovo rilancio delle destre nel mondo. Come prendendo l'abbrivio da quel fallimento dell'ultimo ciclo riformista, la destra esplode nella proposta di un nuovo ordine autoritario e fondato sulla guerra e perfino sulla teologia della guerra. Come a dire: «Voi avete provato a temperare il liberismo e a temperare la guerra. Siete falliti. Dovete andarvene. E non per lasciar posto alla rimessa in discussione da sinistra di queste premesse, per togliere di mezzo il dogma liberista e andare verso una riforma vera della società, per togliere di mezzo la guerra governata e andare verso la pace condivisa. Al contrario: questo mondo chiede la teoria della guerra preventiva, e quindi la guerra infinita e indefinita. E chiede un governo che torni al neoliberismo nelle sue forme conosciute e più aspre». Cioè: la sconfitta del ciclo riformista produce a livello dei governi una rivincita di destra.

Questo vuole dire che a tuo avviso c'è una ragione strutturale, che cioè nel ciclo riformista era già iscritto il fallimento, fino a cedere addirittura il passo alle destre proprio in base alla discendenza comune dal paradigma liberista...

Secondo me sì. La ragione strutturale è che la globalizzazione ha rivelato nel suo sviluppo quello che nel corso degli anni Novanta avevano intuito coloro che hanno resistito alla tesi della modernizzazione. E cioè che questa globalizzazione, invece di essere «la modernizzazione», era una modernizzazione contro la modernità. Al contrario di quello che pensavano gli apologeti, per la prima volta nella storia moderna a una gigantesca innovazione delle tecniche e delle scienze non corrispondeva – seppur con la mediazione della lotta di classe, delle lotte sociali, delle lotte politiche – un progresso sociale, bensì la messa in discussione delle conquiste sociali realizzate nel ciclo precedente.

Questo è il punto che fa saltare l'ipotesi del liberismo temperato. Perché la base della riorganizzazione capitalistica rende impossibile un compromesso che, in quel quadro, non si risolva in un peggioramento delle condizioni di vita delle masse.

Non solo. Perché sulla crisi dei centrosinistra le destre rimontano fino a riguadagnare la guida dei governi...

Epperò – e questo è il punto essenziale – contemporaneamente, se alla fine del Novecento la partita sembrava essersi definitivamente chiusa con la sconfitta delle forze rivoluzionarie e riformatrici e l'avvento di un capitalismo senza fine, con l'inizio del secolo si riapre la partita. E cioè: l'esaurimento di quel ciclo, sul terreno del riformismo moderato, è contemporaneo all'andare in crisi, prima di quanto fosse possibile attendersi, di questa rivoluzione capitalistica, ovvero della globalizzazione. Sono gli effetti che essa produce nel mondo ad annunciarlo: l'aggravamento degli squilibri, la distanza aumentata tra ricchi e poveri, la diffusione della povertà, l'irrompere nei paesi «a capitalismo avanzato», come si diceva una volta, di una condizione di messa in discussione delle conquiste sociali e civili, la precarizzazione. Eppoi un'escalation delle guerra nel mondo che bussa sempre più alla porta.

Quindi la partita si riapre perché, proprio a fronte della globalizzazione, del fallimento del ciclo riformista e dell'avvento delle destre, nasce un movimento di massa inedito. Ed è il movimento di massa che, da Seattle ad oggi, in realtà ha dato luogo al più grande fenomeno politico di questo tempo. E che poi su questo innerva, con tutta la sua autonomia, il movimento della pace. Il quale, a sua volta, riattraversa coscienze, culture, soggettività fino a dar luogo a una rinascita del conflitto di classe e del conflitto di lavoro.

Vuoi insomma dire che il moto dei movimenti fornisce la spinta determinante per uscire dall'orbita di questa globalizzazione, dal pensiero unico, dal circuito chiuso in cui si sono inseguiti il liberismo radicale e il riformismo moderato?

Io penso che sarebbe impossibile pensare a una fuoriuscita, a una sconfitta delle destre che hanno preso il sopravvento sulla sconfitta del ciclo riformista, se non fosse intervenuto un mutamento della scena che dà luogo ad una nuova soggettività politica. Per usare il termine del *New York Times*: la seconda superpotenza mondiale.

Una superpotenza che però rimane la seconda, e ora è anche un po' in crisi di militanza...

Non ha nessun senso rimproverare a questa potenza democratica di non essere riuscita a fermare la guerra: sarebbe come rimproverare al movimento operaio del secolo scorso di non essere riuscito a sconfiggere il capitalismo.

Il punto, invece, è che è nata la condizione perché possa darsi questa ambizione così gigantesca di poter trasformare la guerra in un tabù e sconfiggere la guerra e il terrorismo. Questo obiettivo enorme è dato dal fatto che nel Duemila un nuovo protagonista e un nuovo protagonismo si sono prodotti sulla scena del mondo. Ed è lo stesso protagonista che da Porto Alegre a Edimburgo invera pezzi di alternativa alle politiche neoliberiste, seppur incompiuti.

Da un secolo all'altro, l'Italia dalla stasi al movimento

E quand'è, secondo te, che si verifica il passaggio che permette di rompere il cerchio, di rilanciare le premesse per un «compromesso» per il cambio, come lo hai definito?

Io in questo ho un'idea nettissima: penso che lo spartiacque sia il passaggio dalle fine del secolo all'inizio del nuovo millennio. Del resto, basta fare il confronto per rendersene conto. È così sul piano globale. Ma anche in Italia. Vogliamo fare il confronto? Panorama sociale e politico dell'Italia 1998, panorama sociale e politico dell'Italia 2005.

Facciamolo.

Prima abbiamo parlato delle imprese, ora lasciamo perdere. Proviamo a fare il confronto e a vedere quanto è grande la differenza. A cominciare dal basso, cominciando dai movimenti. Cosa c'era nel 1998? Nulla. Il sindacato? Imprigionato. Vorrei solo ricordare, lo dico senza polemiche ma per misurare le distanze, che quando noi discutiamo per l'introduzione delle 35 ore abbiamo contro non solo le forze conservatrici della Confindustria ma il sindacato: sono contro per il fatto che non si poteva realizzarlo per legge bensì attraverso la contrattazione, argomento destituito dal fatto che non si è vista nessuna esperienza di contrattazione sulle 35 ore. Nel pieno della concertazione e della perdita rilevante di autonomia, negli anni Novanta sono stati presi provvedimenti di controriforma rilevantissimi senza un'opposizione sociale degna di questo nome. Sciopero generale è stato un termine bandito dal vocabolario del sindacalismo e della politica italiana per un decennio.

Anzi, l'epica vuole che l'unica volta in cui la parola è stata pronunciata dalla Cgil di Sergio Cofferati l'allora presidente del consiglio Massimo D'Alema avrebbe minacciato le dimissioni per lesa maestà del governo di sinistra da parte del sindacato di sinistra...

Dimissioni contro la sola idea dello sciopero, esattamente. Se pensiamo che invece i governi democristiani si beccavano gli scioperi generali e la Cisl manifestava la sua autonomia anche attraverso quello... In ogni caso, sul terreno sociale: niente.

Sul terreno delle autonomie? Pressoché un azzeramento. Un sindacato amico del governo non è solo una diminuzione drammatica del potere contrattuale dei lavoratori, ma è un elemento di inquinamento del fondamento essenziale che può produrre un governo riformatore, cioè l'autonomia dei conflitti sociali. Senza polemiche, io penso che questo sia un punto su cui riflettere anche per il futuro: un governo riformatore dovrebbe scrivere al primo punto del suo statuto e del suo programma la valorizzazione del conflitto sociale e dell'autonomia dei movimenti, perché solo da lì può trarre forza anche la sua capacità riformatrice.

Le associazioni? Le associazioni, che sono un'espressione fondamentale della vita del paese, dalla Cgil all'Arci, per stare a quelle che mi sono più care, erano nel coro delle forze di governo allargate. Le istituzioni, i governi locali? Qualche esperienza importante, da Napoli a Firenze, ma con una fatica grandissima, per evitare perfino che la formula del governo centrale piovesse in periferia. E quando c'è la rottura con Prodi lo si vedrà in maniera clamorosa: un soffocamento dell'autonomia.

E ancora: vogliamo parlare della politica politica? Da un lato il centrosinistra compatto e omogeneo e dall'altra parte Rifondazione comunista.

Centrosinistra forse compatto e omogeneo ma anche con il trattino a intermittenza e tanti sconquassi interni, a cominciare dal conclave di

Gargonza in cui Prodi e D'Alema si divisero sul primato dell'Ulivo oppure dei partiti...

In certi momenti sì, in certi altri no: ma comunque un centrosinistra compatto e omogeneo. A questo proposito faccio peraltro notare ai molti che hanno lamentato che Rifondazione comunista esercitasse una contrattazione per manifestare il suo potere, che era l'unico modo per poter far vivere una posizione di sinistra, dato che in quello si esercitava tutto ciò che c'era di conflitto in Italia. Tutto ciò che vi era di conflitto in Italia si esercitava con la rivendicazione, uso il termine appropriatamente, di Rifondazione comunista nei confronti del centrosinistra per una politica di governo o per qualche provvedimento: si pensi alla battaglia furibonda che abbiamo fatto per difendere le pensioni oppure semplicemente per chiedere un aumento dei minimi pensionistici.

E il panorama del 2005, invece, come lo vede Bertinotti?

Proviamo a vedere adesso, appunto. Noi abbiamo la nascita di questi movimenti di cui abbiamo parlato e in Italia, se posso dire così, hanno vissuto un esperienza particolare da Genova in poi. Continuo a considerare Genova...

...La Seattle italiana.

Sì, esattamente. Ogni volta uno è costretto a ritornare anche sulla tragedia dell'uccisione di Carlo Giuliani. Quindi anche sul lutto, sull'elaborazione di un lutto a cui è stato costretto un movimento da una repressione che ha pochissimi precedenti per sistematicità e organicità.

Tanto che, a ben misurare, Genova forse è la Seattle europea più che soltanto italiana...

Tu lo sai che io ho sempre pensato così: che la sua regia ispiratrice fosse ordita su scala mondiale. Cioè che si sia pensato davvero di compiere a Genova un'operazione sistematica di repressione per frantumare il movimento, dividerlo al suo interno e indurlo alla spirale repressione, violenza, nuova repressione, devastazione.

Da lì nasce, come si sa, anche la nostra riflessione sulla nonviolenza. Nasce da lì, da un'esperienza non da un'ideologia, da un'osservazione di come quel movimento si sottrae alla spirale e replica a questa sistematica violenza ritornando come le onde del mare laddove era stato cacciato sempre senza che ci sia mai un atto di violenza nella reazione. Ci torneremo, ma lo stesso vale per i contenuti e le discriminanti programmatiche. Dalla suora in preghiera di Bocca d'Asse alle tute bianche che forzano la zona rossa, è vero che c'è un'ispirazione comune, una metapiattaforma comune: dalla critica alla globalizzazione capitalistica all'avversione per l'annuncio di guerra, l'idea che poi sarà riassunta nella formula «un altro mondo è possibile». La contestazione che, a partire dalla critica degli effetti della globalizzazione, risali alle cause, alla forma di governo, alla mancanza di democrazia. Questa cosa oggi vive: serve fare un approfondimento, è vero, ma questo movimento in forma carsica continua a vivere.

Ora però riprendiamo il paragone tra l'Italia della fine del Novecento e quella d'inizio millennio...

Il movimento per la pace. Senza farla lunga ci basta prendere a titolo di metafora l'immagine delle bandiere arcobaleno: di come hanno cambiato la geografia di questo paese, di come questa cultura si sia diffusa a formare anche la cultura di una generazione e, oggi, a imporre di fatto a tutta l'Unione il no alla guerra. La rinascita del conflitto: Scanzano, Melfi, Terlizzi, lo sciopero degli autoferrotranvieri a Milano, la rottura delle regole. E anche qui bisogna stare attenti, perché oggi siamo già in una nuova fase: il conflitto è assai più difficile. C'è una problematicità e una difficoltà di movimento che ci investe direttamente, di cui bisogna discutere approfonditamente. Guai a cullarsi. Comunque è avvenuto un fatto straordinario: è nato un movimento dei movimenti, e tanti altri ancora che segnano un nuovo ciclo. Sono i primi movimenti dopo il Novecento. Con questa cosa la politica deve ricominciare a fare i conti. Anche in termini di rinnovamento, riconversione, ricostruzione di una politica che invece è in crisi e che solo da questi movimenti può trarre la forza di riproporsi come idea forza di cambiamento della società.

Poi possiamo anche discutere sui limiti dei movimenti, sui nostri limiti. Possiamo discutere di un conflitto sociale, per esempio quello di classe, che fatica a trovare la strada di quella che un tempo avremmo chiamato una linea offensiva. Prima abbiamo analizzato lo spostamento di classe del rapporto tra monte salari e profitti redistribuiti agli azionisti; per rendersi conto delle difficoltà basta vedere come fatichiamo a trovare le modalità di costruzione di un movimento che si ponga anche soltanto questo tema potentissimo della redistribuzione. Ma la novità è indubbia: prima il deserto, oggi movimenti di varia natura e che si affacciano sulla scena della politica anche con interrogativi duri.

Ma non ci sarà solo il movimento dei movimenti...

Non ho mica finito, infatti. Punto secondo: la riconquista di autonomia, di quell'autonomia azzerata di cui abbiamo detto poc'anzi. Strade difficili, complesse. Ma accidenti! Le organizzazioni extraconfederali hanno provato a resistere negli anni scorsi. Ma la collocazione della Fiom, che non casualmente risale a Genova, nella sua soggettività politica evidente è diventata un veicolo che ha pervaso anche parte importante del movimento confederale e la Cgil. Non c'è bisogno di ricordare una battaglia come quella sull'articolo 18 – almeno nella sua fase di difesa, fino alla mobilitazione di milioni di persone al Circo Massimo – per percepire proprio il cambio di collocazione, la riscoperta di un protagonismo sindacale e anche di lotta. E quindi la ricostruzione di un ragionamento sull'autonomia. Vedremo adesso il congresso della Cgil, che è un passaggio importante in questa direzione, ma non c'è dubbio che si è riaperta una riflessione che colloca la Cgil su un terreno di autonomia. E anche l'Arci, la più grande organizzazione sociale del paese, grazie anche alla straordinaria guida di Tom Benetollo, ha effettuato una vera e propria riscoperta dell'autonomia. Dobbiamo molto a Tom e alla sua Arci in questo senso. E penso anche ai movimenti ecologisti. Quindi, anche sul terreno delle organizzazioni il panorama è molto cambiato.

E infine c'è il terreno politico politico. Dov'è la distinzione netta tra il centrosinistra compatto e Rifondazione comunista? Questo confine oggi è stato abbattuto, non è più un muro ma una prateria in cui seminare, ricostruire connessioni e nuovi spazi da abitare.

Su questo aspetto non credere di cavartela così. Dovremmo parlarne più diffusamente…

Naturalmente non sappiamo definire una nuova geografia: la geografia è *in fieri*. Siamo nel terremoto, non fuori. Ma viva il terremoto! Perché quella che c'era prima era una stasi in cui eri sempre di fronte, appunto, al bivio «svolta o rottura»: sempre, drammaticamente. Tu, Rifondazione comunista, in nome di tutti che poi neanche ti riconoscevano questo essere in nome di tutti.

Adesso c'è una sinistra radicale la cui latitudine è ancora indefinita, che comprende non solo settori di frontiera del centrosinistra, mi riferisco a forze come i Verdi e i Comunisti italiani, ma anche la sinistra Ds e il cammino che abbiamo tracciato insieme. All'interno dello stesso campo riformista ci sono forze che, per l'originalità del discorso programmatico, da questo punto di vista sono certamente collocate sul terreno della sinistra radicale piuttosto che su quello del riformismo moderato.

Questa movimentazione del panorama politico italiano, insieme al fallimento dell'ipotesi liberista, consente di tentare la partita.

3. UN MONDO CHE SI RIMETTE IN MOVIMENTO

«Per me salsiccia. Senza salsiccia che festa è...?». E infatti spuntano fumanti dalla brace direttamente al tavolo del segretario. Ché per Bertinotti birra e salsiccia «è proprio il sapore della festa», come per chi si arrostisce la faccia per cucinarla. Perché per il leader di Rifondazione la festa è uno dei luoghi principali in cui il partito si esprime nelle sua forma «comunitaria», una delle sue caratteristiche «irrinunciabili».

La crisi della socialdemocrazia

L'ultimo grande ciclo riformista – tu dici – ha fallito: per il multilateralismo mancato e per il compromesso sociale che si è rivelato una prigione di classe. Perciò finisce per perdere consenso anche un'esperienza come quella di Jospin. Ma quello è anche il fallimento definitivo della socialdemocrazia? Ha ragione chi dice che la socialdemocrazia è morta?

No, non è morta. In alcuni paesi europei, in particolare, continua a costituire un elemento di grande forza: o elettorale oppure sia elettorale che sociale. Certo, anche la socialdemocrazia è in una fase molto tormentata, attraversa una crisi profonda.

Mi ha molto colpito un articolo di Anthony Giddens, il teorico del *New Labour*. Riflettendo sulla sconfitta del referendum in Francia dice che la grande ultima stagione della socialdemocrazia – quella che noi abbiamo chiamato la stagione del centrosinistra – è obiettivamente in crisi. Giddens descrive un momento in cui la socialdemocrazia è diventata protagonista, fino ad affermare la propria forza nel mondo. Ma ora – continua – siamo tutti nella sconfitta o in crisi. E come ne usciamo, si chiede? Fa riferimento anche all'Italia. E dice di non essere per niente convinto della ricetta liberaldemocratica: una sinistra, cioè, che scegliesse la ricetta liberaldemocratica come risposta alla crisi odierna della socialdemocrazia aggraverebbe il problema. Anzi, non affronterebbe proprio il problema. Dunque la socialdemocrazia è il tema che noi dobbiamo sviluppare, dice Giddens. Sennonché – continua – non è facile trovare oggi una soluzione a questa crisi. Perché dove risiede l'elemento della crisi? Nel fatto che le socialdemocrazie devono fare delle politiche di riforma (lui chiama riforme quelle che noi chiamiamo sostanzialmente controriforme). Ma – aggiunge – abbiamo dovuto verificare che il referente privilegiato della socialdemocrazia, cioè i lavoratori dell'industria (è una sua definizione, strettamente sociologica), rifiuta queste politiche. Quindi noi non siamo in grado oggi di superare questa *impasse*.

I governi di centrosinistra, in parole povere, si sarebbero arenati di fronte al problema che la politica sviluppata finora dalle socialdemocrazie è finita per andare in rotta di collisione con quelli che vengono indicati come i soggetti di riferimento di quella stessa politica?

Appunto. E poi Giddens aggiunge: ma forse ci aiuta la crisi della destra... Lo dico perché la personalità è importante come testimone della crisi di un'ipotesi che fino a qualche anno fa era sembrata a molti assolutamente vincente. Io penso che in Italia, più modestamente, la crisi dell'idea della federazione riformista, cioè del soggetto unico dei riformisti, sia determinata dal fatto che in realtà coesistevano in quel progetto due progetti diversi.

Ma la Fed riformista rimane tanto per Prodi che per i Ds la via maestra proprio per dribblare le impasse di una socialdemocrazia che da solo pare non bastare. Dove stanno quindi le divergenze nel progetto?

Sono proprio due progetti diversi: uno è quello di costituire quel soggetto come partito democratico, l'altro è quello di costruirlo essenzialmente come partito della sinistra europea.

Socialdemocratico, insomma.

Sostanzialmente sì. Questi due elementi sono stati nascosti nella loro possibile divaricazione da una categoria, come «riformista», così ampia da presumere di comprendere pressoché tutti tranne la sinistra radicale. Ma per questo la formula esplode: perché non risolve il problema della definizione di questa soggettività. Secondo me, però, la questione riguarda la cultura politica ancor più che la forma partito.

Naturalmente il problema è davanti anche alla sinistra radicale e anticapitalista. E per questo noi siamo così contrari a tutte le idee delle ammucchiate, delle federazioni, dell'alleantismo. Perché ciò che abbiamo cercato di mettere in campo faticosamente nell'esperienza che ci ha condotti fin qui è la ridefinizione strategica di una sinistra radicale e anticapitalista. Dato che a me pare ormai evidente, dopo tutte le polemiche su questo terreno, che in tutta Europa le sinistre sono due.

Ci risiamo. Sai che questo è un punto di fortissimo attrito per esempio con le sinistre diessine, secondo cui invece questa dialettica tra riformisti e radicali rimane sostanzialmente interna a una sola sinistra.

Non è che lo dico io, lo dicono i fatti. In Germania, dove più sembrava monolitica l'organizzazione intorno all'Spd, grande e gigantesca costruzione storica, abbiamo assistito alle doglie del parto di una formazione di sinistra che in ogni caso mette insieme l'esperienza della Pds con un personaggio della socialdemocrazia tradizionale come Oskar Lafontaine e con la Vasg, un'organizzazione nata da una sinistra sindacale. Vedremo i risultati, ma sono in molti a prevedere che questa formazione supererà il 10 per cento. Stiamo parlando di un fatto che avviene nel paese per antonomasia culla della socialdemocrazia.

Ma quelli – appunto – costruiscono una formazione politica, quantomeno elettorale. Proprio l'ipotesi che tu respingi...

Una formazione elettorale, e probabilmente anche politica, che nasce dal fatto che sono messi alla frusta da un sistema elettorale che non consentirebbe a nessuno di loro di passare la soglia di sbarramento. Da uno stato di necessità prende cioè l'abbrivio una costruzione coraggiosa. Con una qualche analogia, direi piuttosto, con quanto accade in Italia con le primarie.

Ma il fatto in questo caso serve a spiegare che, come si vede, le sinistre sono due. E non c'è un annuncio di questo anche nel no francese al trattato costituzionale europeo?

Una vittoria della sinistra radicale su quella moderata che invece ha preso posizione a favore della costituzione europea? Forse però quel risultato è più controverso...

Quel risultato è in primo luogo l'espressione politica di quello che annuncia questo movimento. È così fisicamente: non ci sarebbe stata la possibilità di questo successo senza la contestazione di massa. Basti pensare al fatto che, se in Francia avessero votato in parlamento come in Italia, il 93 per cento dei deputati si sarebbe espresso a favore del trattato. E invece vince il no. A questo proposito vorrei osservare tra parentesi che, come si vede, i referendum sono un'opportunità. Può anche finire come quello sulla fecondazione assistita, ma è sempre un'opportunità. Tra l'Italia e la Francia, l'una che non ha il referendum sul trattato l'altra sì, non solo c'è una diversità di esito, ma nel secondo caso viene fuori un grande fenomeno politico, che si chiama europeismo di sinistra di massa. Per la prima volta si affaccia in Europa ed è una promessa per il futuro.

Ammetterai che però è anche un no conservatore, un po' sciovinista...

Ma vince il no perché la società francese è attraversata da quei movimenti lì. Perché addirittura si forma una *liaison* tra il partito comunista francese, la Lcr, la sinistra socialista. E questo mette insieme parti importantissime di sindacato, Attac, i movimenti. Durante il ciclo Jospin dov'erano queste forze? Tutte disgregate, prive di impatto reale e di una soggettività unitaria. Oggi invece può accadere quello che si riteneva impensabile. Che tu hai un voto contro il trattato costituzionale europeo: un voto europeista di sinistra di massa. Cioè: hai una contestazione da sinistra e europeista di questa Europa – chiamiamola così – del mercato. E – se vogliamo dirla ancora così – figlia del vecchio ciclo riformista moderato e della sua alleanza anche con i governi di destra.

E questo che stai descrivendo sarebbe anche il campo della sinistra europea?

Poi, di fronte a una scadenza elettorale, ogni schieramento in ogni paese ragionerà nei termini debiti e si comporrà diversamente. Ma anche in Portogallo non è forse così? Questo problema, quello di una sinistra europea, c'è eccome. È il problema di provare a radunare, sulla base di questa esperienza del rapporto con il movimento che ha innovato una parte della cultura politica, un soggetto anticapitalistico, per alcuni comunista. Significa provare a costruire il profilo nuovo di una formazione di sinistra radicale in grado di uscire dalla minorità e di competere con la sinistra riformista nella capacità di costruire in Europa una risposta per contrastare la catastrofe. In altre parole: una sinistra che possa aprire e giocare una sfida dentro un vero e proprio confronto di civiltà e che in qualche modo riprenda il dilemma «socialismo o barbarie». Non, naturalmente, nei termini in cui lo poneva Rosa Luxemburg ma – se ci intendiamo – in un qualche modo capace di parlare alle generazioni future.

E come dovrebbe essere la versione italiana di questa sinistra europea che si affianchi alla sinistra più tradizionalmente socialdemocratica e riformista?

Voglio essere sincero: questo riguarda il futuro. C'è ancora un problema di ulteriore sviluppo della ricerca. Abbiamo fatto molto ma non abbastanza nella definizione di questo profilo nuovo. In ogni caso, penso che l'accumulazione di innovazione non dico *di* Rifondazione ma *con* Rifondazione comunista nel formare la base di partenza, la base non l'esclusiva, per il progetto di una più articolata, complessa e grande sinistra radicale sia qualcosa di piuttosto concreto. Lo dico con una qualche ambizione, ma del resto una parte significativa della sinistra ce lo riconosce. Resta, e facciamo perfino fatica a prenderlo dentro nel discorso, il problema che un tempo si chiamava della «forma partito». Perché in questo sforzo di innovazione Rifondazione comunista ha ottenuto dei risultati visibili, ma non ancora sufficienti.

Quali risultati, per esempio?

Per esempio il fatto che una nuova generazione è ascesa alla politica. Una nuova generazione non in senso semplicemente biografico, ma proprio in senso politico. È la generazione del rapporto tra il movimento e l'innovazione pratico-teorica di Rifondazione comunista. Questi due elementi formano una generazione. Abbiamo oggi una generazione che ormai non solo è vissuta in maniera intensissima nell'esperienza dei Giovani comunisti, ma da lì si è diffusa nel partito tanto che alcuni di loro per fortuna occupano oggi luoghi di direzione fondamentali. E io penso che – come ho detto al congresso – sia maturato il tempo di un passaggio di generazione, del passaggio del testimone. Ciò non vuol dire che lì c'è tutto il buono e chi ha un'età deve farsi da parte, ma che il timbro è dato da questo passaggio. E cioè che le generazioni precedenti debbono disporsi a dare tutto ciò che ancora possono, ed è molto, in questa relazione.

Gli effetti scatenanti dei movimenti

Biograficamente, per altro, è la generazione uscita dalle aule universitarie e scolastiche della Pantera…

Quella è una generazione sì, ma non è una generazione politica. Secondo me, sostanzialmente, quelli di loro che si sono impegnati nella politica direttamente sono stati poi assorbiti dal movimento: assorbiti nel senso che sono diventati parte della generazione politica del movimento. Non hanno un tratto distintivo, lo dico a loro merito, nel senso che si sono ricostruiti nel movimento.

E invece quel barlume di movimento – la Pantera – come lo leggi alla luce del dopo? Che analisi fai di quell'esplosione di protesta contro il sistema di formazione e riproduzione dei saperi in quel momento incandescente in cui si scioglieva il Pci, cadeva il muro e cominciava a correre l'orologio degli anni Novanta...

È stato un fenomeno molto interessante. Proprio come un lampo. Un frammento, ma un frammento prezioso. Perché segnalava una possibilità, annunciava un'alterità mentre tutto sembrava stringersi e omologarsi. Anche noi eravamo stretti nell'organizzazione di una resistenza contro lo scioglimento del partito comunista in Italia. Perché, diciamolo, del muro invece non ce ne è importato molto: anche perché la mia generazione ha sepolto l'idea che i paesi dell'est fossero riformabili dopo i carri armati a Praga, e quando è caduto il muro per noi quella era una morte annunciata. Del muro facevamo volentieri a meno, ma del Pci invece no: è stato un dolore grande. E una perdita: una perdita che, curiosamente, invece che essere ripensata appropriatamente in saggi, articoli e libri è riassunta secondo me al meglio in una canzone di Gaber, *Quando eravamo comunisti*, che per me dà il senso struggente di questa perdita.

In quel momento si verifica questo lampo, la Pantera, questo bagliore di un protagonismo che non è solo resistenza: è un tentativo di entrare dentro a scardinare quelli che allora sembravano gli ordini da costruire ineluttabilmente. Perciò non poteva avere la forza di trasformarsi in movimento, perché appunto aveva questo carattere di flash.

Quel lampo italiano si accese sull'elemento cardine dei saperi, attraverso una contestazione sostanzialmente antiautoritaria al processo di ristrutturazione perorato tanto da parte liberista che riformista. Oggi i movimenti è come se nascessero dalle giunture blindate e rinforzate della globalizzazione: blindata l'Europa coi Balcani, blindati i confini sociali, blindati i confini tra il nord e il sud del mondo. Si potrebbe dire che è proprio da quei rinforzi, dai punti più presidiati di questa globalizzazione che sono sgorgati con più forza i movimenti?

Secondo me la fine del Novecento comincia dalla blindatura delle blindature, che è la blindatura del modo di produzione sociale capitalistico considerato come modello di organizzazione naturale della società umana. La prima blindatura è una gigantesca operazione ideologica, prodotta su fatti reali pesantissimi: il crollo dei regimi dell'est, le sconfitte dei movimenti operai in occidente e questo affacciarsi di una rivoluzione capitalistica. Su questo si produce un'operazione ideologica potentissima che è l'inizio di tutte le blindature: la società capitalistica si impone come unico modello sociale.

Quindi il trapasso del Novecento e la nuova genesi dei movimenti cominciano soprattutto da dentro, dall'occidente capitalista...

È la prima blindatura: è generale. Poi ci sono dei sottosistemi di blindatura, ognuno dei quali teso a garantire quella generale per l'affermazione del mercato, che non casualmente tende a mangiarsi la politica e ogni autonomia. Cioè: in qualche modo si propone come autosufficiente.

È vero quello che dici. E quindi questo meccanismo fatto di molte blindature le vede saltare in tutti i suoi punti. Perché salta sulla base della constatazione degli effetti. Non salta dall'alto, ma dal basso. Non salta perché Marx scrive il *Manifesto del partito comunista*, si costituisce l'Internazionale comunista, si costituiscono i partiti comunisti e i sindacati di classe e si dà al conflitto di classe – che naturalmente preesiste a Marx e ai marxisti – un'organizzazione politica compiuta. Quello è un passaggio che segnerà, per fortuna dell'umanità e quali che siano i drammi che sono avvenuti nella edificazione della società post rivoluzionaria, l'irruzione delle masse nella politica del Novecento: attraverso la politica organizzata, attraverso i partiti

Ma oggi, forse, quel passaggio è anacronistico e improponibile.

Oggi non va più così. Non è casuale che il nuovo millennio comincia da movimenti che germinano su queste che tu chiami «le blindature», sui punti di confine, sulle periferie e intorno ai centri. Penso per esempio a Seattle, alla memoria che lascia viva: moltitudini di giovani, correnti ambientaliste e femministe, esperienze radicali della storia del movimento operaio, sindacalismo americano. E non casualmente, perché dal centro dell'impero il sindacato operaio – prima che, come spesso accade nella storia americana, la guerra ne abbattesse ogni autonomia – aveva come spiato un generale conflitto di classe che stava riemergendo.

Quindi è vero: tutti gli effetti della globalizzazione incontravano dovunque una soggettività critica, determinavano una produzione di movimento. Anche utilizzando nuove culture, nuove forme di comunicazione. Noi non ce ne rendiamo conto, ma il fatto che tu, senza un'organizzazione centrale – una chiesa, un'internazionale, un partito, un sindacato mondiale –, riesca in una giornata a contribuire a che 110 milioni di persone vadano nelle piazze, è una cosa che parla al futuro. Poi tu puoi anche non farcela, ma non puoi non vedere che è successa una cosa: una promessa di futuro gigantesca dal punto di vista della politica come organizzazione del processo di partecipazione alla trasformazione. Chiunque abbia attraversato queste strade, questi cortili, da Porto Alegre a Firenze a Bombay, ogni volta è stato coinvolto in un processo di rifondazione della politica. E ogni volta con un allargamento della politica a forze che ne erano escluse. Questo movimento produce processi inclusivi che portano nella politica domande radicali e soggettività radicali.

Io non mi dimenticherò mai, nelle giornate di Bombay, la capacità di organizzazione della lotta da parte dei paria, questi ultimi degli ultimi, attraverso forme del tutto originali di comunicazione, attraverso questo deambulare lunghissimo per quei viali, con quelle immagini dipinte sugli striscioni a sostituire il linguaggio delle parole con altre forme di messaggio. Bè, insomma, non scappi dal fatto che sei di fronte a un processo che ti chiede una ricostruzione della politica. Per la genesi stessa di questo movimento: per come è nato e per come esiste.

E così arriviamo obbligatoriamente al rapporto tra partito e movimenti. Tra le contraddizioni, le ambivalenze bertinottiane c'è da un lato quella di essere un movimentista inveterato e dall'altro anche segretario e principe dell'istituzione partito. È una caratteristica bifronte che ha creato anche tensioni e asprezze con altre esperienze...

Questo è uno dei punti secondo me più ricchi e anche più sofferti della rifondazione. Abbiamo parlato di uno degli elementi della rifondazione a proposito delle ragioni della rottura con il governo Prodi: l'idea della radicalità e dell'investimento, mettere davanti le ragioni del futuro. Il progetto, insomma. Quell'aspetto è interno a una storia, alla cultura del socialismo di sinistra, alla cultura della sinistra comunista. Quello di cui parliamo adesso è un campo più aperto, meno seminato, ha meno padri e meno madri. E che cos'è?

Se non lo sai tu...

A maggior ragione in questo caso vale secondo me un'avvertenza generale: che in questa esperienza la pratica viene sempre prima della teoria. Non dico che sia bene o sia male, né pretendo che sia un metodo. Può darsi anche il contrario. Ma per quanto consta alla nostra esperienza è così: la pratica anticipa una ricerca teorica. E la pratica è stata quella della scoperta della nascita di un movimento.

Perché «scoperta della nascita» di un movimento? In cosa consiste la scoperta rispetto a Rifondazione e rispetto al panorama politico generale e della sinistra?

Scoperta perché tanta parte della politica, anche di sinistra, non solo in Italia ma in Europa, non lo ha visto per un lungo periodo o lo ha considerato un fenomeno transitorio, una specie di increspatura dell'onda. Oppure non ci ha letto dentro la potenzialità e la virtualità politica che contiene. Oppure ancora l'ha considerato un elemento in qualche modo prepolitico e comunque lontano dai temi obiettivamente messi all'ordine del giorno dallo sviluppo capitalistico. Non parlo invece, perché francamente non mi sembrano interessanti, di quelle tendenze che l'hanno considerato un movimento piccolo borghese. E non parlo qui, non perché non sia un aspetto denso ma perché è fuori dall'economia di questo ragionamento, dell'incapacità generale delle socialdemocrazie mondiali di leggere questo fenomeno. E dico socialdemocrazia perché considero il Pt, il partito brasiliano che invece ha letto subito la straordinaria forza e potenzialità di questo movimento, un animale molto singolare, non riducibile alle categorie della socialdemocrazia. Lo dico senza mettersi ora a discutere anche delle difficoltà e degli scandali che si è trovato ad affrontare Lula alla prova del governo di quel paese.

Invece lo spiazzamento delle socialdemocrazie mi pare un elemento rilevante nel discorso che stiamo facendo. Del resto, è proprio a partire dalla crisi dei riformismi che tu ritieni essersi aperto lo spazio per «provarci» e provare anche il governo...

Proprio così: le socialdemocrazie sono state letteralmente spiazzate. Uno spiazzamento originato assolutamente dal fatto che quel movimento diceva il contrario di quello che loro avevano pensato. È come se avessero detto: «Ma come, questi contestano la globalizzazione? Ma la globalizzazione è la nostra miniera, è il nostro futuro!» Alla socialdemocrazia è sembrato semplicemente o un movimento di mattacchioni o addirittura fuori dalla modernità.

Invece, per stare alla sinistra, come ho detto c'è stato qualche sopracciglio alzato. Per questo possiamo parlare di scoperta. Perché noi siamo stati una delle pochissime forze politiche organizzate nella forma di partito a individuare in questo movimento una rottura, una discontinuità: da Seattle. Ne abbiamo letto così la virtualità. E man mano che procedeva, da Porto Alegre a Genova questa scoperta si è fatta densa: perché lo abbiamo considerato il primo movimento significativo post-noventesco.

L'innovazione politica della pluralità

Post-novecentesco è una definizione anch'essa densa. Specialmente nella sinistra, e specialmente rispetto al bianchetto di cui si è armato il pen-

siero unico, c'è un'attenzione spasmodica a non buttare il Novecento con l'acqua lurida che ha lasciato nel catino della storia...

Post-novencentesco non vuol dire contro il Novecento, vuol dire diverso: diverso per la sua natura. Per questo noi abbiamo provato un grandissimo interesse dall'inizio, senza chiederci quanto assomigliasse alla storia del movimento operaio in modo da misurare su questa eventuale rassomiglianza la sua validità. Questo movimento ci è sembrato in primo luogo la prima reazione di contestazione alla globalizzazione. Poi, strada facendo, si dirà alla globalizzazione neoliberista, ma all'inizio era persino indefinita l'aggettivazione della globalizzazione. Era proprio un movimento che si ergeva contro la globalizzazione: questa globalizzazione, ovviamente. Ed è evidente che parlando della globalizzazione non si intende un fenomeno che si ripete spesso nella storia dell'umanità ma *questa* globalizzazione, questo processo di rivoluzione capitalistica restauratrice che chiamiamo globalizzazione. Il movimento era contro questo.

Secondo aspetto. Dall'inizio si afferma come un movimento mondiale: per aspirazione, vocazione ed elementi di pratica.

Terzo aspetto. Esprime subito un'originalità nella modalità con cui si contrappone alla globalizzazione: a partire dagli effetti.

Senza cioè un impianto teorico unitario, come dicevamo prima. Proprio questo aspetto inedito è uno di quelli verso cui vengono mossi alcuni dei maggiori rilievi critici da una parte della sinistra...

È vero che è un movimento teoricamente incerto, forse si potrebbe persino dire con una labilità teorica: nel senso che vi accedono anche contributi teorici molto diversi tra di loro. Ma perché non è questo il terreno principale della sua connotazione. Questi approcci teorici possono risultare utili in quanto si interrogano in relazione alla caratteristica fondamentale del movimento, che è la contestazione degli effetti della globalizzazione. Da lì risali a qualche causa intermedia: gli effetti di povertà, gli effetti di distruzione della natura, gli effetti di ineguaglianza o disuguaglianza nel mondo, gli effetti di demolizione o di negazione dei diritti, gli effetti di messa in discussione del bisogno di pace e altro ancora. Su questo terreno il movimento costruisce delle domande. E queste domande camminano.

Penso che noi siamo stati aiutati in questa scoperta perché tempo prima avevamo avvicinato con grande interesse lo zapatismo; Marcos e i suoi. Io penso che lo zapatismo sia uno degli annunci del movimento, oltre ad avere una forza in sé. Non è il caso di tornare sui molti elementi di quell'insegnamento, né è questione di scimmiottare in questa parte d'Europa l'essere zapatisti. Ma la lezione è importante: è una lezione universale. Anche per questo suo radicamento nel territorio, in Chiapas, nell'idea che sono gli indios a diventare protagonisti di questa costruzione politica, nell'idea che all'ordine del giorno non c'è la conquista del potere bensì la costruzione di una nuova comunità scelta con nuove forme di organizzazione, nella conquista di autonomia e di forme di autogoverno. Persino questo aspetto affascinante di una formazione che, dovendosi difendere sul terreno militare, tuttavia dice con Marcos: «Attenzione, perché se il fucile ti rimane troppo tempo nelle mani sei tu che rischi di diventare una protesi del fucile anziché lui uno strumento nelle tue mani».

Questo elemento ci aveva in qualche modo disposto a una ricerca su temi che poi si scoprono consonanti e che verranno sviluppati su scala mondiale. A conferma dell'intuizione del fatto che si stava incrinando la gigantesca edificazione del pensiero unico e dell'omologazione. Che, anzi, con il movimento altermondialista subisce una contestazione crescente.

Ancora, però, siamo al largo dal nesso con la politica nella dimensione che chiama maggiormente in causa il partito e le sue forme...

Insieme a tutto questo c'è, certo, l'innovazione delle forme della politica: questa è la cosa bella. Tanto che, secondo me questo è un movimento che si può capire solo standoci. L'esperienza vale sempre tanto. Se non fai l'inchiesta è difficile che capisci il conflitto operaio fino in fondo, però la letteratura e lo studio aiutano altrettanto. Qui no: o ci vai o fatichi a capire. Perché è proprio quell'addensarsi di elementi comportamentali che fanno tutti parte del movimento a fare il movimento stesso. È un movimento che ha cambiato la cultura politica, ha contaminato i soggetti della politica. Ripeto un'altra volta: non avremmo mai avuto la posizione di tutta l'Unione sul no alla guerra in Iraq e sul ritiro del contingente italiano senza quelle bandiere della pace che hanno coperto l'Italia per un'intera stagione. E ancora adesso, alla manifestazione di Edimburgo, nel bianco che caratterizzava questa moltitudine, c'erano le bandiere della pace con la scritta in italiano a caratterizzare un elemento simbolico che ha trasceso la congiuntura di un paese.

In questo senso parlo di nascita di un movimento: nascita di questa realtà così significativa e che secondo me si propone come un movimento di lungo periodo. Anche se questo è un momento del quale non si possono non vedere anche le difficoltà. Perché io credo che uno dei limiti di questo movimento, oppure una della sua diversità, forse per il carattere magmatico molto costruito sull'evento e sulla condivisione, è di non essere riuscito a pensarsi come portato da una struttura democratica partecipata.

Alludi a un limite oggettivo di continuità strutturale, che si rivela nel momento della risacca?

Esattamente. Per dirla a modo mio, non è avvenuto ciò che avvenne nella contestazione del '68-'69 con la nascita del sindacato dei consigli.

Si potrebbe altresì rilevare che la forza più grande e innovativa di questo movimento risiede proprio nella capacità pervasiva che anticipa e costruisce l'onda, anche fuori dei confini della militanza e dello stesso evento culminante. Anche questo, tra l'altro, è forse un portato lungo della soluzione di continuità con il Novecento, della pluralità prodotta nella globalizzazione e quindi anche della pluralità delle risposte e delle scelte di appartenenza, che perciò si pongono come irriducibili e rifiutano di essere inscatolate in una forma strutturata di continuità. Come invece fa sottobanco il dominio capitalista e in fondo piace anche a non pochi intellettuali organici sia riformisti che radicali...

L'ho detto per indicare una diversità. Ma mi guardo bene dal proporlo come un modello da imitare: non ci penso neanche. Vedo perfettamente la forza di 110 milioni di persone che manifestano nello stesso giorno sulle piazze di tutto il mondo contro la guerra. Quando mai noi delle generazioni precedenti ci saremmo riusciti? Neanche a pensarci. Quando mai sarebbe riuscito ai partiti e ai sindacati conosciuti? Mai. Ma questa potenza democratica non ha voluto, non ha potuto, non ha saputo darsi delle forme di organizzazione democratica. E questo si sente. Perché forme come quelle del Social Forum, che hanno funzionato nella fase nascente del movimento, faticano a tenere il passo; sebbene io pensi che vadano riproposte perché luoghi di organizzazione, di unità pluralistica del movimento, magari scegliendo quelli che ci stanno.

Comunque – l'abbiamo già detto – sono cambiati in primo luogo i soggetti che sono stati immersi nel movimento, e che hanno riscoperto il valore fondamentale dell'autonomia: la Fiom, l'Arci, la storia della Cgil. I confini stessi del centrosinistra sono saltati. Mille forme sono germogliate nella società. Pensa a tutto il campo che chiamiamo volontariato con una formula che non dà conto del fenomeno: le mille forme dell'organizzazione, fino a modalità originali di organizzazione di impresa. Sono cambiate le culture: pensa a come siamo arrivati ai beni comuni, all'acqua. L'organizzazione in comitati, che sembrava conclusa con una grande stagione, ritorna in forme totalmente inedite. Diciamo che questo movimento si è mostrato pervasivo: ha contaminato, ha cambiato. E in forme diverse, che ogni volta chiedono di essere indagate, è sempre presente sulla scena politica. Per questo la mia opinione è che si tratta di un movimento durevole. Il che, se ci intendiamo, se cioè non pensiamo che vada cristallizzato in una forma specifica, significa che siamo di fronte ad un annuncio: l'altro mondo possibile con cui è venuta definendosi la prospettiva di questo movimento ne è il segno. Persino la vicenda del trattato europeo penso che sia segnata da questo elemento. Oggi lo si può dire per quasi ogni momento della politica.

Sin qui la nostra apertura e la nostra presenza. Si può aggiungere a questo un altro elemento di rottura: la nostra scelta di stare nel movimento rinunciando a un'idea egemonica del partito sul movimento, o anche semplicemente a un'idea di guida. Del resto, non è detto che ci sarebbe riuscito se avessimo voluto provare. Anzi, secondo me non ci saremmo riusciti affatto. Penso che il problema dell'egemonia, se esiste, sia il problema dell'egemonia del movimento sulla società. Il detentore della soluzione del problema dell'egemonia non è il partito ma è il movimento. Quello che Gramsci chiamò l'«intellettuale collettivo» a mio avviso andrebbe traslato sul movimento. La rottura culturale con la tradizione comunista è ovviamente rilevante. Perché, dal momento stesso in cui ti poni così, nasce il problema del partito.

La ri-forma partito

Mica un problema da poco, specie per la storia della sinistra e dei comunisti. Al giorno d'oggi la forma partito storicamente data è palesemente insufficiente, anche se per un altro verso si presenta sempre senza alternative come modo di organizzazione rispetto alla società...

Anche coloro che si sono misurati molto con questo tema hanno sempre proposto un processo di autoriforma. Penso a Ingrao e all'ingraismo, penso anche al socialismo di sinistra, Basso e Panzieri: tutti hanno elaborato un percorso che muoveva dalla constatazione dell'inadeguatezza del partito, dalla sua anchilosi, e ne proponeva la riforma. Non necessariamente dall'alto, ma in qualche modo attraverso un processo dall'interno.

È evidente che il rapporto con questo movimento sposta i termini della questione. Perché, invece che ragionare a partire dall'insufficienza del tuo partito, che pure constati ogni giorno, muovi da una domanda e da embrioni di modelli di organizzazione e di associazione diversi. La tanto discussa formula della rete, che ha preso anche toni un po' retorici, è un nucleo di concetto realmente forte.

Eppure per Bertinotti ci sono fin troppi elementi costitutivi della forma partito che rimangono ineludibili, al punto di aver avuto non poche frizioni con alcuni settori di movimento su questo terreno...

Che cosa, del partito, resta un elemento amio parere ineludibile? Secondo me il primo punto è l'attraversamento di tutte le diverse forme, istituti e modi in cui si organizza la società. Il partito, quando è buono, è presente nella tua vita quotidiana, nell'interrogativo di ogni giorno; si relaziona a tutte le forme di organizzazione sociale e addirittura le promuove, curioso anche di quelle che si costituiscono fuori da sé. Noi, per esempio, questo lo abbiamo fatto con i centri sociali: abbiamo capito dall'inizio che lì c'erano esperienze importanti, importantissime, arricchenti.

Epperò il partito attraversa anche i corpi intermedi, le istituzioni: dalla rete del governo locale, al governo centrale e al parlamento, alle istituzioni europee. È questo attraversamento, e dunque questa domanda di connessione tra i diversi piani della catena, che fa la politica. Anche quando, come in momenti grandi e brillanti della storia del movimento operaio, una critica importante ti spinge a spostare il baricentro dell'azione del partito dalle istituzioni alle forze sociali, dalla relazione tra le forze alla realtà delle forze; anche quando ritieni necessario questo spostamento del baricentro, la tensione alla costruzione di una concatenazione molto forte è un elemento insopprimibile. È il tema del partito. Insieme a tante critiche alla forma separata della politica che condivido, secondo me su questo preciso aspetto c'è una qualche traccia di opportunismo all'interno di queste esperienze di movimento quando, a partire dall'autonomia, si mostra poi un sostanziale ritrarsi di fonte alla scelta sul tema del partito. Non dico sulla scelta di quale partito, dico sulla scelta del tema del partito.

Ma il tema del partito è esattamente la frontiera su cui si accendono gli attriti, a cominciare dalla sua prerogativa di esclusiva sulla rappresentanza istituzionale...

Io, che vivo il partito, rifiuto totalmente di considerare questo il mio mestiere prevalente. E rifiuto soprattutto di essere caratterizzato per il fatto che sto nelle istituzioni. Questo almeno lo ereditiamo dalla parte migliore della storia del movimento operaio: che senso ha questa idea che i movimenti arrivano fino alle soglie delle istituzioni e poi dalle istituzioni comincia il compito dei partiti?

A dire il vero è precisamente un rimprovero che si fa ai partiti, compresa Rifondazione comunista...

Mi sembra quasi una citazione del cattolicesimo dell'Ottocento, secondo cui c'è una ripartizione dei ruoli, per cui è nella società civile che si compie la missione per il progresso mentre le istituzioni sono necessariamente segnate dalla dimensione del peccato. Quasi che la politica non possa emanciparsi dal suo limite originario perché il processo di liberazione ha un limite, che è quello intrinseco alla natura umana più o meno segnata dal peccato. Adesso non dico che ci sia questa mutuazione dal cattolicesimo dell'Ottocento, qualche volta tuttavia è questo elemento che ha fatto venir meno la sollecitazione e il coinvolgimento sul tema della riforma della politica, e dunque dei partiti. Anche per sottrarsi a scelte che dividono, perché le scelte politiche dividono; anche per preservare l'unità del movimento. E lo capisco, perché anche nel sindacato qualche volta si è praticato. Ma è come se esperienze di movimento particolarmente significative, le cui domande sociali sono totalmente condivisibili da una sinistra radicale che voglia essere all'altezza del compito, si fermino sulla soglia del partito per evitare la contaminazione di una politica necessariamente spuria. Questo è un problema. Perché io penso che l'idea di autoriforma della sinistra storica, a cui ho appartenuto e di cui rivendico la discendenza, non possa proprio funzionare. Forse avrebbe potuto funzionare in passato, ma oggi invece ha bisogno di un rapporto interno-esterno. Il processo di riforma della politica della sinistra radicale non si fa senza l'ingresso dei movimenti nella politica, combinato al collocarsi della politica dei partiti della sinistra radicale dentro l'arena dei movimenti.

Così in teoria. Ma in pratica che vuol dire? Come si mettono in relazione il partito e i movimenti?

Quando dico l'arena dei movimenti dico una cosa per me importate. Dico che tu fai valere il tuo diritto di proposta, ma poi la risultante che sceglie il movimento diventa la tua. È questo processo di proposta che parla la lingua della tua cultura politica, della tua esperienza, dell'irriducibilità del tuo progetto. E insieme è l'accettazione della risultante complessiva del movimento quello che edifica l'itinerario complessivo di un processo di riforma.

Probabilmente per farlo noi dobbiamo passare più di quanto siamo già passati per delle forme bastarde di organizzazione della politica, cioè per luoghi che siano per certi versi ancora dentro il partito come l'abbiamo conosciuto e per altri già fuori; tenuti insieme appunto da una rete, da questa rete che costituisce la comunità scelta. So che c'è a sinistra una prevenzione rispetto a questo termine.

Sul termine «comunità»?

Si, comunità. Io penso che la seconda particolarità del partito – la prima, l'abbiamo detto, è quella della concatenazione – siaquella della comunità: il suo essere comunità. Io l'ho pensato sempre anche per il sindacato. Nell'esperienza del dopoguerra in Italia ho sempre pensato che ci fosse un'aristocratica sottovalutazione delle forme comunitarie, per cui il comitato centrale valeva tanto e la festa dell'*Unità* politicamente valeva meno. E cerchiamo di capirci: per festa intendo proprio l'organizzazione della festa, non solo i dibattiti, intendo cioè l'ingresso nella festa delle forme classiche della politica, la festa come insieme della vita comunitaria. Io penso che quella fosse una delle cose più preziose dell'invenzione del Pci, che l'ha fatto essere, secondo la definizione di Pasolini, «un paese nel paese». Appunto: la costruzione del paese, se vuoi del tuo paese, questo è l'altro elemento che suggerisce la messa a valore della storia del partito.

Ma c'è un terzo elemento: il fatto che io non riesco a riconoscere, pur nella mia totale adesione all'innovazione prodotta dai movimenti e alle nuove forme dell'impegno politico, un'altra forma di militanza generale. Ancora non sono riuscito a partecipare a incontri e riunioni in cui possa in qualche modo immaginare che lì possa prendere corpo una militanza generale. E io penso che della militanza generale ci sia bisogno. E voglio anche essere preciso su un punto: quando dico militanza generale non intendo fissare una gerarchia in cui a essere generale è il partito mentre a essere specifico è il sindacato o l'associazione o il movimento per l'acqua. Generale vuol dire appartenere a una comunità, comunque organizzata – e su questo comunque bisogna tornare, per dargli una risposta più definita – che si ponga il problema della trasformazione della società capitalistica. Diciamo pure che questo è un elemento che secondo me definisce la militanza anche nel nuovo millennio: l'appartenenza a una comunità di donne e di uomini che si propone il superamento dell'ordine delle cose esistenti.

Un farsi partito oltre la forma secolare del partito, insomma...

C'è una bellissima immagine da un filmato della storia del partito socialista francese, in cui a un certo punto si parla di Epinay, la grande operazione mitterandiana. Adesso per favore non si pensi che la sto proponendo per l'Italia: quella è un'esperienza francese, socialista. Però è importante l'esempio.

Quell'assemblea comincia in modo tale che sembra essere

poco più che ordinaria. Un'assemblea impegnata, come tanti dei nostri incontri, in cui si delineano la necessità e la possibilità della costruzione di un nuovo soggetto politico della sinistra. Ma ancora nell'alveo dell'ordinario. A un certo punto, invece, c'è uno scatto. E non è una magia: è che la politica è davvero creativa quando produce uno scatto come quello. E quello scatto è il ritorno al microfono di Mitterand.

Se uno si ricorda da dove veniva Mitterand – quali erano le sue esperienze precedenti, di ministro e di esponente della Sfic (uno dei partiti socialisti francesi di allora, il 1971; l'altro, nato nel 1969, era il Ps, *ndr*) – la cosa fa ancora più impressione. Ma al microfono, in questa sala in cui ci sono i socialisti del Psu di Michel Rocard – allora di sinistra –, quelli di Pierre Chevennement e di altre formazioni, assieme al grosso dei socialisti, Mitterand a un certo punto calca la mano. Lo ripeto quasi a memoria, lui dice: «Chi oggi pensa che non sia necessaria una rottura con l'ordine delle cose esistenti, quale che sia la natura di questa rottura, chi oggi pensa che non sia necessaria una rottura col sistema, col sistema capitalistico, quale che sia la natura di questa rottura, non può stare nel nuovo partito che stiamo costruendo».

È chiaro il punto di rottura? Lascia stare il fatto di condividere o meno questa formula. Io vorrei che riflettessimo sul precipitato di un elemento che costituisce lo strappo che produce energia politica. Io penso che noi dobbiamo lavorare nel tempo che manca a uno strappo di questo genere: seminando l'attesa. Adesso ho fatto un esempio totalmente improprio, ma l'ho portato per dire del salto di qualità necessario, anche rispetto alla costruzione di una comunità politica allargata. Oggi, invece, vai a fare una riunione e senti che sei nell'ordinarietà. E allora – lo dico io, che sento tutta l'esigenza della riforma del partito – penso non si possa prescindere dal partito esistente. E, per quello che mi riguarda, da Rifondazione comunista per come è arrivata qui, in questo processo di costruzione. Tanto sono convinto della sua inadeguatezza, tanto sono convinto della necessità della sua partecipazione forte a questo processo.

Il passaggio attraverso questa strettoia secondo me non è eludibile. Ma credo che tanta parte della cultura politica e delle sue espressioni nel paese non sappia, quando parla di Rifondazione, di quello che si produce attorno e in questo partito. Lo dice un segretario che ha un carico critico e autocritico rilevantissimo. Ma questi elementi non li vedo pensati da tante compagne e compagni che ci stanno attorno. E non è che mi lamento per ragioni di patriottismo di partito: mi lamento perché così non si fa la mappa precisa di ciò che oggi è disponibile per compiere quel salto, quello «scatto» mitterandiano di cui parlavo prima.

Non sarà invece il fatto che c'è un partito comunista, per il suo essere partito ed essere comunista, il principale ostacolo alla costruzione della sinistra di alternativa, e dunque anche a quello «scatto» che chiedi alla politica come energia creativa?

Per un verso sì, naturalmente. Perché c'è una parte di sinistra di alternativa che ha un'obiezione di fondo al definirsi comunista. È un'obiezione di diversa natura: di natura ideologica o anche semplicemente politica; oppure anche di relativizzazione del termine, in quanto si obietta che oggi ci si può sì dire comunisti ma non partito comunista, ovvero che il comunismo può essere assunto come progetto di società senza che tuttavia debba essere supportato da un partito.

Il fatto che esistano queste obiezioni rende evidente che ci sono delle difficoltà. E faccio notare che una difficoltà almeno analoga risiede in un altro degli elementi di definizione: il partito, appunto. Per il fatto che esistono giustamente delle componenti che esprimono una diffidenza rinnovata, oltre che di radice storica, nei confronti del partito come organizzazione della politica. Si tratta di espressioni prevalentemente costruite in questa storia di movimento degli ultimi anni ma non solo, penso ad esempio a una parte importante della militanza cattolica.

Il fatto che esistano delle realtà e delle soggettività che appartengono alla sinistra di alternativa e che muovono una critica a uno dei due termini della nostra esperienza costituisce una difficoltà reale. Ma io penso che questa difficoltà vada affrontata su un terreno diverso da quello che siamo abituati a considerare. Altrimenti si tratterebbe semplicemente di cancellare la definizione comunista oppure di cancellare il termine partito.

Perché non farlo? Qualunque delle due – passa la provocazione – sarebbe una mossa sicuramente eclatante...

Intanto perché debbo dire che ci sono parti importanti delle realtà di movimento che ritengono entrambi i termini fruttuosi e necessari. Io stesso sono tra questi. Naturalmente, poi, sono molto legato all'elemento di Rifondazione, che secondo me qualifica entrambi i termini. Ma per me, che pure ho trascorso nella mia vita esperienze anche fuori dal partito comunista, benché quello sia il luogo che più a lungo ho frequentato, rimane significativo il termine comunista. E spiego anche perché penso che sia utile porsi il problema della definizione.

Pensi davvero che rimangano vive al giorno d'oggi le ragioni per dirsi comunista e, soprattutto, partito comunista?

Penso di sì, per due ragioni tra loro composte in una relazione pressoché inscindibile. La prima è che, di tutti i termini che conosco per definire una politica e che escono tutti un po' ammaccati dal Novecento, comunista resta quello che più mi calza. È un po' come ha avuto modo di dire Frei Betto rispetto al termine socialismo per l'America latina. «Se io devo dire qualcosa che dia l'idea di come penso la società dovendo ricorrere alle categorie classiche della politica, bè: tutte escono un po' malconce dal Novecento. E allora, malconce per malconce – dice Frei Betto –, mi tengo socialista, che per me più di altre mi lascia l'idea di un futuro».

Io direi la stessa cosa per comunista. Tutte le categorie escono un po' malconce, quella comunista soprattutto dall'esperienza dei paesi dell'est, ma è pur sempre quella capace di dire in tutta la sua radicalità l'istanza rivoluzionaria da cui prende le mosse il movimento operaio: il trascendimento della società capitalista. Ed è quella che pone il tema della messa in discussione del modo di produzione come elemento fondativo nel nuovo millennio e del processo di liberazione. In questo modo – tra l'altro – considerando non chiusa la partita con la sconfitta del Novecento, e prospettando anche in termini nuovi un cammino di liberazione.

Il riferimento che faccio a «socialismo o barbarie» secondo me è molto pertinente per parlare del bisogno di comunismo. Io penso sia questo il debito che abbiamo con Rosa Luxemburg: un debito grandissimo, perché è la pensatrice rivoluzionaria della crisi. Naturalmente può benissimo accadere che la catastrofe non si avveri. Ma vedono più lontano quelli che annunciano anche la catastrofe che non c'è, distinguendone i segni premonitori, piuttosto di coloro che leggono in maniera piatta, scartando gli interrogativi più drammatici del futuro dell'umanità. Per questo secondo me comunismo dà insieme l'acutezza e la radicalità della sfida: la pone sul termine giusto e si pone come necessità storica.

Ma c'è un secondo elemento: contemporaneamente è un modo per non liberarti del tuo passato. Questo punto è per me insormontabile: io tengo comunista proprio per fare i conti con la tragedia e gli orrori della nostra storia, non li voglio dimenticare, so che ne siamo eredi. Quindi comunista è questa immaginazione di futuro che consente il «balzo di tigre» di cui parlava Benjamin e, contemporaneamente, proprio perché ti concede il balzo di tigre, ti dice: no caro mio, dimmi che cosa non ha funzionato nella tua storia. E tu devi cercare di dirglielo.

E allora – mi chiederai – come si fa con la sinistra? Si fa che, invece di ridurre tutto ad uno, si pensa a una soggettività politica in cui i comunisti possono stare insieme a dei non comunisti, in un processo in cui non c'è indifferenza tra chi lo è e chi non lo è, ma invece c'è un elemento di confronto costante e la costruzione di una latitudine, di un orizzonte comune del fare politica.

LE NUOVE FRONTIERE DI UN'ALTRA SINISTRA

Una latitudine, anzi una comunità – come l'hai chiamata tu –, fondata sulla differenza e il suo riconoscimento reciproco?

La differenza e la comunanza. Cioè: «l'altro mondo possibile», la critica radicale alla globalizzazione neoliberista e l'obiettivo di un cambiamento profondo della società che sta tra questi due elementi. Dentro questo, secondo me è bene che alcuni continuino a dirsi comunisti, altri che non lo sono non c'è ragione per cui debbano essere così etichettati. Il problema è quello di costruire la forma della convivenza politica.

Ma se non è un partito e nemmeno il suo superamento, se non è comunista e nemmeno non comunista, che cos'è la sinistra radicale? Avrà ragione chi dice che non lo sai neanche tu...

Ma io ce l'ho un partito. E comunista. La sinistra radicale è un insieme, non è la riduzione a uno. Io voglio entrare nella sinistra radicale con il mio partito, altri con il loro bagaglio: poi troviamo le forme di convivenza e di arricchimento. Ma non la cancellazione di qualcuno. È questa l'idea che a me proprio non convince: si scioglie quello che c'è e ricominciamo da capo. Questo nuovismo di risulta io lo trovo veramente fastidioso, perché non impara nulla dall'esperienza e non fa i conti con l'asprezza dei problemi che ci sono. Invece uno dice: «Io ci provo». E sai perché ci proviamo a organizzare energie? Sai perché ci mettiamo insieme? Non perché se io mi metto insieme a te smetto di essere quello che sono, e tu con me. Il contrario, come nella lezione del movimento. Il Social forum è stato per un lungo, fruttuoso periodo il luogo di organizzazione della politica e delle scelte del movimento. Ognuno è stato in quel luogo con le proprie caratteristiche ma nel contempo è cambiato profondamente: i nomi erano sempre gli stessi, ma dentro c'erano esperienze, storie, culture diverse e che davano luogo ogni volta a un programma comune. Così vedo le cose.

Traslato alla sinistra politica in senso più tradizionale, un forum della sinistra radicale?

Il modello del forum nella sua esperienza migliore. Facendo tesoro del fatto che, poiché quell'esperienza non si è radicata in forme di democrazia partecipata, poi si è esposta anche a dei momenti di crisi. Bisogna quindi far tesoro della lezione, imparare l'essenziale: non solo che si può cooperare, ma che si può essere soggetto politico unitario senza dissolversi, e anzi sulla base della valorizzazione delle differenze dentro un progetto politico. Contemporaneamente bisogna affrontare il tema – che per ragioni comprensibili il movimento non ha affrontato e che invece per noi sarebbe indispensabile – della costruzione di ciò che rende continuativa e permanente l'organizzazione della politica. Cioè, appunto, la soggettività organizzata.

Tu parli di soggettività organizzata di una sinistra anticapitalista dentro uno schema in cui le due sinistre sono contendenti ma in una dinamica di alleanza. Non pensi che invece anche con il ritorno al proporzionale potrebbe contemporaneamente accelerare la corsa verso i partiti unici, fino a esaurire tutto in un'alternanza quasi bipartitica? I differenti neo e vetero centrismi ci provano anche così...

Ci sono stati i tentativi in questa direzione, ma secondo me questa cosa non esiste. E non funziona perché, se uno guarda all'Europa, si vede che dappertutto stiamo assistendo al percorso contrario: cioè a una riclassificazione delle forze politiche in cui anche laddove il bipartitismo era storico questa condizione non è più data. Pensa alla Gran Bretagna, dove tutti continuiamo a parlare – in grazia di un sistema elettorale massacrante – dello scontro tra conservatori e New Labour. Ma ormai il partito dei liberaldemocratici è un terzo incomodo rilevante. E comincia ad affacciarsi sulla scena una formazione della sinistra radicale, come Respect, secondo me destinata ad avere un futuro considerevole; e che in ogni caso rompe la regola e porta già due parlamentari nella camera dei comuni. Della Germania abbiamo già parlato. In Portogallo il blocco di sinistra cresce accanto al partito comunista portoghese e insieme a socialisti.

Perché accade questo? Perché secondo me c'è un elemento strutturale di fondo. Ed è proprio la crisi del pensiero unico. E, sotto di essa, la crisi della possibilità di ritenere i processi di organizzazione economica del capitalismo del nostro tempo capaci di sostenere un compromesso sociale e politico rilevante. Quell'illusione dava luogo all'idea dell'alternanza, perché grossomodo si poteva pensare a una competizione al centro in un'epoca in cui le ideologie venivano sostanzialmente espulse dalla politica, e con esse anche le domande di cambiamento radicale della società. Di fronte invece alla crisi delle promesse della politica neoliberista e all'emergere di forze antagoniste nella società, si produce una pressione per la pluralità delle forze politiche e non invece per la loro riduzione alla semplice alternanza. Il periodo dell'alternanza secondo me è alle nostre spalle: sostanzialmente è stato quello della fine del secolo.

Ugualmente in questa fase mi sembra si possa distinguere un doppio movimento: da un lato l'affermazione di soggettività sempre più circoscritte e altrettanto irriducibili, come emergono anche dall'esperienza dei movimenti, dall'altro la ricerca di un territorio di cittadinanza comune. Accade così che in politica prende forza sì la caratterizzazione di partito, ma da un lato più identitaria del passato e dall'altro soverchiata da quella più generale della coalizione e del bipolarismo...

Ma secondo me non è una cosa che ha a che fare con il maggioritario. Questa è una polarizzazione verticale, mentre l'altra è una polarizzazione orizzontale.

È vero, però. Secondo me accade perché oggi, specie nei movimenti, essendo la contestazione degli effetti della globalizzazione il principale elemento scatenante, la distanza dell'iniziativa dal proprio obiettivo è iperravvicinata. Ma contemporaneamente il movimento vive di bisogni unificanti che, quando non riescono a prodursi sul terreno del programma, vengono alimentati e talvolta prodotti sul terreno del simbolico. Oggi ci riesci, ma quando non ce la fai a costruire una vertenza nazionale sull'acqua, allora scatta una metafora tra quel punto di scontro così ravvicinato e l'elemento di contestazione: la contestazione dell'uso delle acque minerali imbottigliate in qualche modo si fa indicativa di quel processo attraverso cui vuoi contestare la privatizzazione dell'acqua e guadagnare il bene comune.

Accade anche nella politica politica. Ed è, per esempio, il rapporto tra il movimento della pace e la denuncia dell'insopportabilità del governo Berlusconi: il rimbalzo immediato di un'istanza di movimento che passa direttamente al momento pressoché conclusivo del processo, cioè alla cacciata di Berlusconi.

E ancora: quant'è distante e necessario il collegamento tra le lotte dei precari a cui allude il May Day e le lotte sindacali tradizionali a cui allude per molti versi ancora efficacemente il primo maggio? Questa connessione in una piattaforma politica e in un movimento politico è ormai molto avvertita come necessità. Non siamo di fronte a degli elementi o di separazione o di conflitto, come invece ci sono stati in parte importante della storia del movimento operaio.

Pensa ad esempio al conflitto tra operai comuni e operai specializzati, che in alcuni casi ha favorito la vittoria del padronato: laddove quando poi si sono ricongiunti, come annuncio all'inizio degli anni Sessanta e pienamente alla fine di quel decennio, proprio quell'unione tra operaio comune di serie e operaio professionalizzato ha determinato la base della grande rivincita operaia.

Oggi la divisione è usata dal padronato. Ma in realtà i movimenti hanno determinato una convivenza di queste forze. Non c'è alcuna avversione, anche perché la commistione è spesso organica. In quante manifestazioni dei metalmeccanici vedi gli stessi giovani – parlo proprio degli elementi fisionomici – che trovi alla manifestazione per la pace o persino alla curva allo stadio? Tuttavia finora non si è andati oltre la convivenza: non si è costruita l'unità, cioè una piattaforma e delle forme di lotta. E in questa difficoltà allora spesso tu salti direttamente dallo specifico al generale. È un processo virtuoso, ma se ricade poi al centro nella costruzione di una rete, del tessuto connettivo, della piattaforma unificante, dell'esperienza comune.

E forse è anche incontrovertibile in una società dell'informatica e della conoscenza, dove la formazione della persona e della sua soggettività passa moltissimo attraverso una pluralità di canali altrimenti impensabili e in parte legittimamente privati; anche se poi si ricongiungono specialmente nel simbolico...

Quanto sia cambiata la forma di relazione attraverso queste comunicazioni ancora non lo cogliamo fino in fondo. Anche a me, che pure non sono molto disposto ad accettare una qualche supremazia della tecnologia nella formazione delle conoscenze, tuttavia non sfugge che Porto Alegre sarebbe stato impossibile senza l'uso di Internet, senza l'ingresso di queste forme di comunicazione orizzontale.

Pensiamo anche alla musica, per esempio. Le grandi masse – come non finiamo mai di constatare – continuano a fare del rock: ho grande curiosità per questo fenomeno, un elemento espressivo di grandissima penetrazione di massa. Ma anche qui c'è un fatto indicativo: oggi le due formi musicali che attraverso di più gli universi giovanili, quelli più dinamici, credo che siano la musica reggae e la musica elettronica. E forse bisognerebbe riflettere sul fatto che nel primo caso si tratta di una musica che, per quanto diciamo globalizzata o globalizzantesi, trova tuttavia fondamento in una realtà come quella jamaicana: una radice profonda, connessa a fenomeni culturali molto densi di ordine sociale, religioso, antropologico. E dall'altra parte è una musica di ricerca sul piano più innovativo del rapporto tra quell'esperienza artistica e l'innovazione tecnica e tecnologica.

Sono assolutamente convinto che queste frontiere in qualche modo propongono – lo dico, per esempio, rispetto alla forma partito – una sollecitazione su temi ed elaborazioni oggi per noi, per la sinistra, ancora troppo lontani.

«Tanto finisce sempre che parlano tutti all'entrata e all'uscita di fronte ai giornalisti. E dentro invece portano il compitino». Per questo Bertinotti si lagna all'idea dei conclave della coalizione. «Sai che cosa? – sogghigna – Io vado lì e faccio un bel discorso sul capitalismo italiano e su Berlusconi come romanzo del paese...».

«Sì, sì. Faccio come diceva Reichlin: li spiazzo. Loro si aspettano che noi siamo lì – gesticola sul parabrezza della macchina – e invece noi ci facciamo trovare qui. Che poi lì e qui non si è mica mai saputo dov'erano...».

Pace e nonviolenza, stessa scelta

E uno dovrebbe votarti per farti fare il presidente del consiglio?

Certo che sì. Perché li spiazzo, appunto. Ma torniamo a noi...

La pace e la guerra. E il rapporto con le lotte del movimento. Gli aerei che l'11 settembre 2001 hanno colpito le Twin Towers non hanno colpito il movimento per la pace. Anzi: proprio contro la guerra c'è stata la prova più grande, quella che appunto è stata chiamata la seconda superpotenza mondiale. Il terrorismo suicida e stragista, invece, tende in qualche modo a ottundere la forza del movimento pacifista e dei suoi argomenti contro la guerra...

Sì, è vero che c'è questa difficoltà...

Tra l'altro la dimensione fanatica e fondamentalista travalica l'oltranzismo religioso fino a chiedere di presidiare con attenzione nuova i confini delle lotte di resistenza e di liberazione che ne vengono inquinate...

Per la nostra collocazione è evidente che il terrorismo, anche intellettualmente, propone problemi complessi. Non direi i più difficili, perché non c'è nulla di più difficile che sconfiggere la guerra, ma indubbiamente, dal punto di vista intellettuale, è un motivo che per noi costituisce un problema. Perché? Perché interviene su molti nodi irrisolti della nostra cultura: ad esempio l'uso della violenza. E perché è possibile sempre pensare che sia una reazione a mali del mondo diventati intollerabili, così intollerabili da spingere qualcuno all'uso del terrorismo. E ora questa interpretazione sembrerebbe tanto più dimostrarsi vera, quanto delle persone possono darsi la morte per compiere l'atto estremo di resistenza.

Il tema della nonviolenza ha rappresentato una vera e propria «svolta», che ancora anima discussioni e controversie dentro e intorno a Rifondazione, a Genova e dopo Genova. Come si produce e si fissa quella scelta così intransigente?

Per me la nonviolenza non è mai derivata da una riflessione teorica. Non sono Capitini, che pure stimo moltissimo. Sono arrivato a riconsiderare complessivamente la questione della violenza e della nonviolenza perché là, a Genova, ho visto una cosa straordinaria. Bisogna ricordarsi cos'era il giorno prima a quello della morte di Carlo Giuliani. La festa straordinaria, coloratissima. Forse quel giorno, nella manifestazione con i migranti, c'è stata l'espressione più ricca di apporti, di pluralità, di colori che si sia mai vista. Era l'annuncio di una festa. Purtroppo smentita ventiquattr'ore dopo da un lutto: l'uccisione di Carlo Giuliani. E io non mi dimenticherò mai la reazione da parte del movimento. Quell'assemblea. Sterminata. Con tutta quella gente, in piedi o per terra, tutta esposta a ogni sorta di rischio, assediata da una repressione che più sistemica di così non poteva essere. E come si prende la parola, l'attenzione che c'è. E, nonostante tutta la difficoltà del momento, quella scelta di rifiuto della reazione violenta, che del resto già si era verificata durante la manifestazione. Bè, dà da pensare... Se io penso a una manifestazione della mia generazione e a una struttura repressiva come quella, saremmo andati a una strage.

Così però la nonviolenza è un ripiegamento per sproporzione delle forze in campo...

Eh no! La strage è stata vietata dal fatto che il movimento, il movimento nel suo insieme e nella sua soggettività, ha fatto uno scarto: ha fatto collettivamente la mossa del cavallo, ha spiazzato la repressione pur pagando un prezzo altissimo con la morte di Carlo Giuliani e poi con le violenze della Diaz e di Bolzaneto. Però ha imposto una prosecuzione pacifica e nonviolenta. Questo è il punto: un'idea che si consolida in un corpo vivo di pratiche.

Lì, a Genova, si cementa una cosa straordinaria. Che si coagula attorno al Social Forum, che diventa il punto di incontro di tante culture diverse. Non a caso, oltre la nonviolenza, l'altro capolavoro è la capacità di rifiutare la divisione, che a Genova è stata tentata in tutti i modi insieme alla repressione: spaccare il movimento tra violenti e non violenti. Invece tiene una linea di continuità in cui si producono pratiche diverse – dalle tute bianche che violano la zona rossa alle suore che pregano a Bocca D'Asse – ma con più che una complicità, con la con-divisione di una scelta che non è uguale alla tua e che però consideravi interna allo stesso movimento. È così che viene avanti tutta una storia, che poi è proseguita fino a Firenze, a Bombay e a Edimburgo. E che, appunto, innerva tutto quel movimento per la pace che è stato definito la seconda superpotenza mondiale.

E che oggi, però, è spinta parzialmente in fuorigioco proprio dalla radicalizzazione della violenza terroristica da un lato e dalla reazione di guerra dall'altro...

Questa pressione io la vedo. Ma penso che subirla sia un grave smacco politico per una sinistra comunista e anticapitalistica. È un grave smacco politico nel senso compiuto del termine. E non solo perché, come si ripete giustamente tutti i giorni, non si può combattere la guerra se non si combatte il terrorismo. Così come noi ogni volta facciamo un elemento cardine della nostra battaglia del fatto che non si batte il terrorismo se non si batte la guerra.

Guerra e terrorismo, partiti politici

Guerra e terrorismo che però tu hai affermato essere due cose differenti, distinte anche nella genesi politica...

Appunto per questo parlo di grave smacco politico. Che cosa, invece, viene cancellato in questo subire la pressione di quell'interpretazione di equivalenza? Viene cancellata proprio l'analisi politica. Cioè: scompaiono il terrorismo e il suo programma, ovvero il suo essere partito politico.

Per chi come me, per ragioni generazionali, si è trovato a combattere il terrorismo da una posizione di sinistra militante, com'era quella del sindacato torinese, questo atteggiamento sembra imperdonabile. Sembra imperdonabile perché abbiamo fatto tanta fatica, anche personale e umana, a leggere tutta la contrapposizione profonda e organica tra il terrorismo e il conflitto operaio, l'esperienza consiliare, il sindacato di classe, la contestazione all'organizzazione capitalistica del lavoro, cioè la più radicale delle esperienze di contestazione dell'ordine capitalistico degli ultimi cinquant'anni. Non la differenza, proprio la contrapposizione radicale.

Noi ci siamo arrivati precisamente perché abbiamo lavorato su noi stessi per evitare quella pressione di cui abbiamo parlato. E così abbiamo scoperto che non è che il brigatismo nascesse dal fatto che la gente crepava di silicosi. Il brigatismo non nasce per le malattie sociali contratte sul lavoro, oppure perché si lasciavano le dita in una pressa o in un telaio, oppure per ribellarsi alla tossicità della verniciatura, e quindi a condizioni di lavoro intollerabili. No. Perché da quelle condizioni di lavoro intollerabili poteva semmai uscire un'alternativa di lotta e di partecipazione di massa come quella fondata sul controllo operaio: la costruzione del modello-ambiente, l'idea – appunto – di un'alternativa, di un'ipotesi di organizzazione della produzione, del lavoro, della società. E fondata su di te, non su un altro.

E allora, su quella base hai scoperto che no, non nasceva dalla condizione operaia: perché il terrorismo ci sia ci vuole una scelta che interviene nella sfera della politica. E questo insegnamento è stato duro, amaro. Per cui adesso trovo intollerabile questa omissione. Il terrorismo di oggi nel mondo è possibile che venga analizzato dalle forze della sinistra radicale? Nomi e cognomi, luoghi, piattaforme, studio di documenti, individuazione precisa delle forme di lotta?

Per scoprire cosa, che invece a tuo avviso viene troppo spesso omesso?

Se si fa un'operazione di questo genere vedi subito che si tratta di un soggetto politico e non di un fenomeno spontaneo di ribellione alla guerra, al terrore della guerra, alla povertà, alla violenza colonizzatrice dell'impero. No. Ci vuole una soggettività politica organizzata. E la leggi, ci fai i conti. E, così facendo, allora ti accorgi in primo luogo che i mezzi scelti e impiegati, dall'autouccisione del protagonista dell'atto terroristico fino alla distruzione di vita che è connaturata all'atto terroristico, risultano del tutto incompatibili con la tua idea della lotta. Capisci che non solo non puoi assumere la distruzione fisica dell'avversario, ma che – peggio ancora – non puoi assumere indifferenziatamente la vittima del tuo atto in persone la cui responsabilità non è altra che quella di vivere: vivere in una certa parte del mondo con certe caratteristiche. A volte ti devi chiedere perché, perché una cosa così repellente possa esistere veramente.

Perché, secondo te? Qual è il carburante che l'alimenta?

Perché quella scelta terroristica nasce sull'idea allucinante che il mondo sia manicheisticamente diviso tra il male e il bene. E quindi con un progetto politico teso a destabilizzare i governi moderati dei paesi arabi. Si tratta di governi che non avrebbero, in vero, molte ragioni per essere difesi nella loro politica, ma che vengono aggrediti in quanto accusati di consentire all'occidente di esportare la sua ideologia e la sua cultura contro i valori della tradizione. Per espandere quei valori si usa dunque il terrorismo contro un assetto del mondo, un'economia e, in particolare, il dominio imperiale nord-americano.

Ma... c'è un ma. Il terrorismo è messo in atto – e questo è il secondo punto, oltre a quello della distruzione e della morte indifferenziata – per perseguire un'idea di società che è il contrario dell'idea di liberazione che noi abbiamo. E allora: per quale ragione bisogna in qualche modo avere una difficoltà alla contrapposizione radicale con il partito terroristico? Aggiungo che francamente non riesco a capire come si faccia a non vedere che la guerra e il terrorismo si alimentano.

Appunto. Da dove si comincia per fermare la spirale? Si dice: per fermare il terrorismo alimentato dall'oppressione imperiale e coloniale bisogna fermare prima la guerra e liberare dalla pressione il Medioriente. Altrimenti c'è Bush che profetizza la militarizzazione sfrenata i cui risultati sono sotto gli occhi di tutti...

L'immagine della spirale è veramente quella che più dà il senso di questa cosa. Parti da un qualsiasi punto della spirale e troverai che il gioco si ripercuote.

La guerra? È persino banale rispondere a Blair, che afferma non esserci alcuna connessione tra la guerra in Iraq e gli attacchi a Londra, con i documenti che sono stati prodotti dagli stessi enti britannici. Si vede bene quanto cresce la capacità di penetrazione e di reclutamento di forze per il terrorismo sulla base dell'indignazione contro l'amministrazione Blair.

Ma guai a perdere il corso della spirale e a fermarsi in maniera puntiforme come se non ci fosse una doppia preesistenza: da una parte la teoria della guerra preventiva e dall'altra la strategia di questo terrorismo, di Al Qaeda e affini, che ha una precisa idea di società. E infatti precipita perfino sul petrolio e sull'organizzazione delle risorse territoriali in termini funzionali a un disegno politico generale.

Osservo che questo tipo di ricerche non solo non riduce, ma accentua il problema. Perché se questa analisi strutturale è vera, ritorna la frase di Jean Jaurès che cito così spesso in quanto secondo me è illuminante: «Il capitalismo porta la guerra come le nubi portano il temporale». Come si fa a non vedere che la globalizzazione capitalistica che stiamo vivendo – con la sua instabilità, l'incertezza, la crisi di civiltà strisciante – annuncia e propone la guerra e il terrorismo come le nubi il temporale?

Che la guerra sia alimentata dal capitalismo, d'accordo. Ma anche il terrorismo fondamentalista?

La guerra e il terrorismo sono fenomeni politici, non meccanici. Ma sono fenomeni di reazione. Da una parte si tratta della difesa dell'impero nordamericano: è una guerra, peraltro, non espressione di forza ma espressione della stessa instabilità e precarietà del controllo esercitato attraverso l'impero dalle potenze nordamericane e dalle multinazionali intorno ad esse. O, se la vogliamo dire in un altro modo, dall'impero nordamericano in funzione del governo complesso delle multinazionali e del mercato. Dall'altra parte non si può non vedere la radice della reazione in un fondamentalismo a sua volta prodotto da una replica molto speculare al fondamentalismo del mercato. Con una reciproca alimentazione di questo genere, laddove negli anni Sessanta sembrava del tutto cancellata perfino l'ipotesi, la possibilità di configurare il fenomeno religioso come possibile fattore scatenante di un conflitto o addirittura di guerre. Oggi invece assistiamo al ritorno, su quella base confessionale, di un progetto politico autonomo dalla religione ma che allo stesso tempo compie quell'operazione di riqualificazione che abbiamo detto.

È questo il quadro che abbiamo di fronte. Ed è questo quadro che richiede alle forze pacifiste, e io penso in esse anche alle forze capitaliste, la capacità di dispiegare un discorso di civiltà e di convivenza delle civiltà. Ogni incertezza su questo punto porta alla sconfitta, perché spinge ai margini rispetto alla contesa reale. Anche nel combattere il terrorismo devi avere una risposta opposta, alternativa a quella che viene proposta dalle classi dirigenti.

Proprio dopo gli attacchi di Londra Guido Rossi – giurista non sospettabile di sbandamenti estremistici – ha messo in guardia rispetto ai provvedimenti di restrizione dei diritti presi dalle società europee in risposta agli attacchi terroristici, avvertendo che la capitolazione sulle libertà civili rappresenterebbe il varco più grande ad opera del partito del terrorismo e del suo programma politico...

Ormai stanno maturando cose importanti su questo terreno. C'è una pensosità in una parte degli intellettuali di scuola liberaldemocratica, questa sì interessante. Mentre c'è una totale cecità da parte delle forze di centrodestra e spesso una complicità con queste anche da parte delle forze della sinistra moderata in nome di imprecisati interessi della politica nazionale. Invece questo è l'ordine della sfida. E io torno sul fatto che, se nell'ambito della sinistra radicale non viene colta la portata gigantesca di questa sfida, rischiamo di rimanere schiacciati. Noi, proprio noi, in nome di un altro mondo possibile, in nome di questo contrasto che si profila tra «socialismo o barbarie», non possiamo non vedere che la nostra prospettiva di coalizione è presa in una morsa. Da un lato c'è la guerra come replica delle forze dominanti del mondo all'instabilità della crisi. E dall'altra parte c'è una controreplica ugualmente violenta, quella del terrorismo, in nome della riconquista, contro quell'ipotesi disumanizzante, di una società dominata regressivamente da una fede religiosa che impone il suo modello come presunto universale. E aggiungo: questo avviene anche in contrasto con le fondamentali domande di libertà che da lungo tempo scaturiscono da quelle stesse popolazioni. E, secondo me, da quella stessa vicenda religiosa. Come in altre parti accadde e accade al cristianesimo e all'ebraismo.

Nessun paletto

Veniamo però al da farsi. Questo significa che, per cominciare, bisogna che l'Italia si ritiri dall'Iraq oppure niente governo Prodi?

Non lo metto in cima al programma solo perché penso che la scelta sul ritiro possiamo conquistarla anche prima delle elezioni e dell'eventuale governo. È la premessa statutaria. Per una coalizione come la nostra il ritiro delle truppe è fuori discussione; io non penso che si possa neanche dare una discussione su questo.

Si può invece discutere sulla strategia: un governo che abbia ritirato le truppe ha l'autorevolezza per discutere una strategia complessiva di uscita dalla guerra in Iraq, al fine di dotare quel paese della sovranità che gli è dovuta. Questo è oggetto di una discussione che è ancora tutta da fare. Sono del tutto favorevole ad alimentare questo discorso, che tuttavia deve stringersi nel momento in cui si va al governo. Altrimenti è solo un esercizio retorico e un po' politicista.

Ma di paletti alla coalizione e a Prodi tu proprio non ne metti?

Ho cercato di dirlo fin dall'inizio e lo ripeto: il paletto è l'idea statica della coalizione. Il che non vuol dire che non definisco degli obiettivi.

Vabbè, ma se gli obiettivi restano un libro dei sogni...

Il punto è sapere se ricominciamo, come nella precedente esperienza di centrosinistra, un rapporto negoziale-contrattuale tra noi e le forze riformiste: una formula che sostanzialmente carica su Rifondazione comunista il peso di aspettative esterne e contemporaneamente esclude questi soggetti dalla costruzione del programma. E allora per forza si fanno i paletti, perché o passo io o passi tu, e in ogni caso devi darmi delle garanzie. Invece io credo che questa esperienza per fortuna non la dobbiamo replicare perché è cambiato il panorama politico del paese. Quindi, anziché pensare ai picchetti di Rifondazione, io voglio costruire degli orientamenti insieme alle forze dei movimenti, i Social Forum, la tavola della pace, la Fiom, la Cgil, l'Arci e via enumerando: tante energie che possono diventare protagoniste soltanto se tutti noi costruiamo un processo democratico per formare l'Unione. Perché se invece si polarizza la trattativa tra Rifondazione comunista e il centrosinistra noi togliamo la parola a questi soggetti. Perché, come sai, di fronte a una polarizzazione i migliori non si schierano e i peggiori si schierano dall'altra parte.

Quindi penso che l'idea del negoziato oggi sia proprio suicida. Noi abbiamo bisogno, al contrario del negoziato, di caricare sull'Unione tutte le domande di cambiamento, le più radicali, le più ricche. E tutte insieme le forze dell'Unione devono rispondere a quelle domande: ai pacifisti che ti chiedono di ritirare le truppe dall'Iraq ma anche di non ripetere il Kosovo, alle esperienze ambientaliste che ti chiedono di non fare gli inceneritori ma di costruire politiche dei beni comuni, alla Fiom che ti chiede delle leggi per difendere la democrazia dei lavoratori e una politica dei contratti. Questo è. La mia replica è una replica di movimento. A chi chiede di avvilupparmi in un negoziato che sostanzialmente esclude dalla costruzione della piattaforma le forze che possono spostarla in senso radicale, la mia risposta è che non ci penso neanche!

Il premier socialista spagnolo Josè Rodriguez Zapatero, comunque, le truppe le ha ritirate il giorno dopo che è arrivato al governo...

Quello per me è forse l'aspetto più rilevante di quello che chiamerei il movimento Zapatero, anche se non è il solo.

Zapatero, in effetti, forse rappresenta qualcosa di più del semplice ritiro dall'Iraq e della polemica con Blair e Bush. Quella che ha conquistato a sorpresa prima la guida del Psoe e poi il governo è una generazione nuova e anche un nuovo modo di fare: dice no alla guerra in Iraq ma lascia le truppe in Afghanistan; e insieme mette a tema l'allargamento dei diritti civili, probabilmente anche in termini di compensazione dei diritti sociali messi in crisi dalla globalizzazione e che il solo governo nazionale non può risarcire in toto...

Devo dire la verità: non parlo delle critiche di destra che qui non ci interessano, ma da sinistra c'è stata forse una sottovalutazione. Perché noi, impegnati sul terreno principale della critica di classe alla sinistra moderata, abbiamo faticato ad accettare che giungesse una prepotente capacità di innovazione anche in una dimensione che non fosse quella radicale. Invece Zapatero lo è.

Secondo me il fenomeno più rilevante resta quello del ritiro. Ci ho pensato. Vale precisamente dal punto di vista della ricomposizione del rapporto tra la politica e le masse: è il primo atto di ricostruzione di una democrazia di mandato tra popolo e rappresentanza. Zapatero vince le elezioni sulla parola d'ordine del ritiro delle truppe dall'Iraq e la prima cosa che fa è dunque il ritiro. E in quel senso non c'è solo una cosa che ha valore di per sé. Forse abbiamo sottovalutato la libertà di movimento che veniva a Zapatero dal fatto di essere anche espressione di una generazione politica meno incline all'idea del compromesso dovuto al quadro delle alleanze: sociali, internazionali, politiche. Si passi il paradosso, ma in qualche misura si potrebbe dire che lui ha portato a sinistra anche alcuni di quei fattori della controriforma moderata degli anni Ottanta e Novanta: penso al decisionismo o alla personalizzazione della politica. Perché attenzione: li ha davvero riconvertiti. E questo ci chiede un po' di umiltà, perché Zapatero ci ha insegnato che nelle forme di organizzazione della politica non esistono processi irreversibili, e che perciò anche fenomeni che nascono con segno di destra possono riconvertirsi a sinistra. Del resto, pensiamo alla crisi della repubblica francese e all'ordinamento gaullista. In grazia di quell'ordinamento ci fu l'era di Mitterand, altrimenti impossibile. Qui c'è qualcosa di simile: personalizzazione e decisionismo nascono a destra, ma attraverso il movimento Zapatero vengono riconvertiti a sinistra fino a diventare una rinnovamento della democrazia di mandato, una ricomposizione del rapporto tra élite e popolo. Più modestamente qualcosa di questo genere vale anche per le primarie, che vengono da una storia politica lontana e diversa dalla partecipazione, eppure possono riconvertirsi in un'occasione. Il movimento Zapatero ce lo insegna.

E poi è vero che c'è questo secondo aspetto dei diritti. Penso che, al di là del risultato, attraverso il referendum abbiamo imparato anche nella vicenda italiana il valore straordinario per la nuova organizzazione della società di quelli che si chiamavano diritti individuali e civili. Perché ormai sono una parte imprescindibile della stessa qualità sociale della vita di un paese. Perciò anch'io vorrei guardare al movimento Zapatero con maggiore cura di quanto io stesso non abbia fatto sin qui.

Quindi, se vincessi le primarie e diventassi anche presidente del consiglio, come Zapatero, quali sono le prime tre cose che faresti appena messo piede a Palazzo Chigi?

Sono troppo facili. Detto così c'è anche una civetteria in quello che dico: sono tre no. Perché io penso – altra vecchia polemica a sinistra – che senza i no a sinistra non ci sono i sì. Abbiamo sempre subito la polemica rovesciata: che la difesa è poco significativa perché bisogna avere una proposta, che i no non fanno politica e che bisogna avere anche i sì. Tutta questa retorica, secondo me, alla fine dà luogo a un atteggiamento apologetico del reale. Il no è la prima forma di opposizione, senza la quale dei sì di alternativa non si costruiscono: si costruiscono solo dei sì all'ordinamento esistente.

Insomma, sei un discepolo di Eugenio Montale, che poi declinava un concetto ricorrente nelle avanguardie del Novecento...

«...Codesto solo oggi possiamo dirti/ ciò che non siamo, ciò che non vogliamo». Sì, qui è il punto di leva. So anch'io che non è la soluzione, ma è il punto su cui poggiare per trovarla. È come il conflitto rispetto al compromesso e all'accordo. Il no è fondamentale. Bisogna rivalutare il no nella politica. Quindi: no alla legge 30, no alla Bossi-Fini e no alla riforma Moratti. Tre no, cioè tre scelte che esprimono l'idea di sgomberare dalla strada i macigni che rendono impossibile il percorso riformatore. Per fare cosa? Per rimetterci sul pulito, altrimenti non si marcia.

Perché cancellando proprio quelle tre leggi del governo Berlusconi il centrosinistra dovrebbe riaprire la strada?

Io penso che ci sia una consequenzialità in questi tre no: questi tre no sono i lineamenti di una prima piattaforma sociale. Insieme alla grande questione della ripartizione del reddito, che mi pare essere oggi – se uno dovesse indicare il profilo programmatico di primo acchito – il più significativo obiettivo riformatore: una redistribuzione del reddito a favore di salari, stipendi e pensioni. Cito di nuovo l'analisi del *Corriere*. In Italia, negli ultimi dieci anni – assunto il valore aggiunto delle principali venti imprese del paese e fatto cento – nel 1994 si ripartiva così: il 46 per cento in monte salari ai dipendenti, il 29 per cento agli azionisti e all'impresa, il 18 per cento allo stato per le imposte dirette e il 7 per cento ai finanziatori. Prediamo i grandi aggregati di classe: lavoratori e azionisti. Dieci anni dopo, nel 2004, ciò che del valore aggiunto andava ai lavoratori è sceso dal 46 al 32 per cento e ciò che andava agli azionisti è salito dal 29 al 46 per cento.

Quindi, in termini di valore aggiunto, sulla quota di ripartizione gli azionisti hanno guadagnato il 30 per cento e i lavoratori hanno perso il 30 per cento. Cioè: è avvenuta una drastica redistribuzione di classe a favore del profitto. Aggiungiamo che la rendita in Italia vive nel paese del bengodi, sia dal punto di vista delle agevolazioni legali, che dell'elusione e dell'evasione, oltre che dei comportamenti. Tanto che il capitalismo italiano oggi si caratterizza per la scalata che la rendita sta dando alle cattedrali della borghesia.

ÉLITE E POPOLO, QUESTIONE MORALE E CRISI CAPITALE

Proprio a proposito delle rendite e delle cattedrali del capitalismo nostrano, è in atto un braccio di ferro tra i vecchi dinosauri e i nuovi rapaci. Un braccio di ferro che ha chiamato in causa anche i Ds a proposito dell'opa Unipol su Bnl e della benevolenza rimproverata alla Quercia rispetto ad alcuni nuovi raider. Benché i Ds non siano stati certo inappuntabili, la reazione del salotto buono verso di loro ha avuto anche un sapore di linciaggio…

Secondo me l'errore dei Ds è stata la loro reazione: «Peggio il tacon del buso», come si suol dire. Perché non puoi pensare di essere al di sopra di tutto e anche di ogni critica. Anzi, la cosa fondamentale è non confondere i piani. Invece, lo sbaglio di fondo che hanno fatto è stata la sospensione del giudizio su quello che sta accadendo del capitalismo italiano, una vicenda che rappresenta un cambiamento della storia di questo paese.

Ma la questione morale evocata da Prodi e dai prodiani secondo te c'è oppure no?

Se c'è una questione morale? Secondo me sì, e grande come una casa: si chiama crisi del capitalismo italiano. Nei periodi di crisi il capitalismo non si produce solo come male ordinario, non riesce più a determinare nemmeno comportamenti congrui con la sua etica. Secondo me per due ragioni: una strutturale e una di decadenza. Non bisogna mai dimenticare la condizione strutturale. Ma almeno farsi soccorrere da Gramsci, non dico da Benjamin, nel sapere che esiste la nozione di decadenza. E allora in cosa consiste la questione morale? Nel fatto che c'è una manifestazione di ricchezza: affiora nella società così enorme, così straripante e offensiva da essere ingiustificabile secondo lo stesso paradigma capitalistico. Per quale motivo? Perché contemporaneamente si assiste a un impoverimento generale e, in particolare, a un impoverimento popolare. Questo squilibrio nella distribuzione della ricchezza è una così clamorosa iniquità da non poter più essere sopportata in nessun modo. Non dico nel merito, anche nella profittabilità dà luogo precisamente a una condizione così moralmente intollerabile da produrre una separazione tra popolo e classi dirigenti. Quella linea di faglia tra élite e popolo è anche la questione morale: perché si esprime, perché c'è un'indignazione che ha una base di costume.

Hai già chiamato in causa questa separazione tra popolo e classi dirigenti. In che senso per te è un elemento fondamentale?

Come è successo in Francia con il referendum, in Spagna con Zapatero, in Puglia con Vendola: nel senso che bisogna tagliare questa linea di faglia e ristabilire una connessione. Perché insieme allo scontro tra destra e sinistra mi pare che si delinei uno scontro tra alto e basso della società. E, per quanto riguarda il nostro discorso, viene incentivato dall'emergere di una questione morale inaccettabile per gli stessi precetti del capitalismo, che perciò può sfociare in una domanda di cambiamento radicale oppure in un vaffanculo alla politica e basta.

Hai detto però che c'è una base strutturale di questa degenerazione del capitalismo italiano. Non ci sono santi neanche nelle famiglie che vantano un'ascendenza di aristocrazia padronale…

Certo che c'è una base strutturale. Il capitalismo italiano non sembra capace di rinnovare una spinta propulsiva, di crescere, di evolversi. Implode. E implode in una condizione in cui, tuttavia, a emergere sono le forze che classicamente sono state considerate più regressive: cioè le forze della rendita. Quindi si può perfettamente affermare che la questione morale e la questione sociale, di classe, sono due facce della stessa medaglia. Si danno insieme perché c'è una crisi del capitalismo. Quando invece il capitalismo non è in crisi si dà conflitto di classe, ma non necessariamente si evidenzia questione morale.

Ma cosa c'entrano i Ds?

Nulla.

E perché allora sono nel mirino perfino degli alleati, oltre che della grande stampa di tradizione borghese?

Perché si tratta di una vicenda politica che va messa all'ordine del giorno, è una cosa che determina intorbidimenti e speculazioni. E invece i Ds hanno compiuto un errore politico in questa situazione.

Quale errore?

L'errore è stato quello di non vedere e non criticare dentro questa crisi, in cui noi continuiamo a leggere un segno di classe, il pericolo di un ulteriore aggravamento rappresentato dall'ascesa dei nuovi raider. Loro hanno curiosamente sospeso il giudizio in nome di una cosa che sembrerebbe un estremismo: tutte le forze del capitalismo sono uguali. Sembra una tesi estremistica, ma ha un risvolto indotto da un'idea di neutralità della composizione sociale e di classe delle forze, per cui tutto ciò che è dinamico finisce per essere guardato con interesse o almeno non viene criticato. Siccome in una situazione di crisi come quella italiana, di cannibalismo invece che di rinascita, le forze dinamiche sono state espressione della rendita, i Ds hanno sospeso il giudizio su queste forze in nome del fatto che, appunto, erano dinamiche. È questo l'errore.

Si potrebbe dire, paradossalmente, che in questo caso proprio la sospensione di un'analisi di classe della società non ha spinto a enfatizzare quel patto tra i produttori che più volte al partito comunista era capitato di enfatizzare e che costituiva anche la messa tra parentesi del conflitto di classe sul versante del rapporto tra salario e profitto. Qui, con la sospensione dell'analisi di classe, hai messo sullo stesso piano il profitto e la rendita. E qui sta l'errore. Grande errore politico.

Il che comunque non autorizza il linciaggio a opera di quello che si spaccia per salotto buono e che in realtà ha attinto per decenni alle casse del paese e tutt'oggi gode di vastissimi privilegi...

Voglio essere molto preciso. Esiste una questione morale come parte di una gigantesca questione sociale drammaticamente irrisolta. E i Ds non c'entrano nulla, nulla. Esiste invece, nella crisi del capitalismo italiano, un protagonismo di nuovi ceti emergenti che richiedono un giudizio e un intervento politici. Come si vede, torna il grande capitolo dell'esigenza di aggredire la rendita. Non solo sulla base di un'analisi generale, come noi abbiamo sempre proposto, ma proprio sul terreno di queste nuove scalate. Le scalate ripropongono sul piano specifico la questione che prima veniva disegnata sul terreno generale: il tema dell'aggressione alla rendita per determinare le risorse necessarie a concepire e favorire una politica economica diversa. Nello specifico, questo elemento è stato pressoché totalmente oscurato da parte dei Ds.

Che ai vari sbanca-Monopoli, di qualunque colore, da buon vecchio partito socialdemocratico avrebbero insomma dovuto intimare l'alt proponendo il giusto dazio sulle loro speculazioni?

Mi è sembrato invece che l'elemento critico nei confronti di questi raider fosse quasi legato all'estetica. Come se si volesse dire: non potete giudicarli solo perché sono rozzi e ineleganti. Ma la critica da prendere sul serio non era mica questa. Sono dei *rentier*, e realizzano denaro a mezzo di denaro, senza creare un posto di lavoro, senza investire su un macchinario. E perciò si crea un meccanismo fatale, che la politica non può accettare: posizioni di potere acquisite sulla base di una rendita si trasformano in nuova rendita che genera nuove forme di potere.

Aggiungo che, secondo me, non si può non vedere questa componente come parte di una riorganizzazione in corso del blocco capitalistico italiano; non so che piega prenderà ma in ogni caso sono avvisaglie. Perché allora i raider sono così pericolosi? Per due ragioni. Intanto perché possono determinare spregiudicati sistemi di alleanze con una crescente capacità di pervasione, dall'economia alla politica. Un comportamento che ha una qualche analogia con altri momenti in cui il processo corruttivo, dalla Edison a Sindona, vedeva i finanzieri scorribandare selvaggiamente per la politica del paese. Immaginiamoci oggi. Il secondo pericolo è che, appunto per la volatilità del capitale finanziario, insieme al rischio di alleanze politiche spregiudicate e socialmente pericolose si possa anche determinare un'ulteriore spinta all'internazionalizzazione passiva del paese. Il rischio, cioè, che il paese finisca per essere messo in vendita precisamente attraverso le scalate.

Tu dici: «la politica». Ma cosa può davvero fare un sistema politico e dei partiti che è sempre più legato al cordone ombelicale finanziario, perché altrimenti non respirerebbe? Questo elemento della transizione italiana è rimasto insoluto da quando Bettino Craxi fece il suo j'accuse di fronte all'emiciclo di Montecitorio prima di lasciare l'Italia sotto una pioggia di monetine…

Qui c'è una difficoltà reale del sistema politico. Ma la mia scuola resta quella del reinsediamento della politica nella società, della rappresentanza dei partiti, del riferimento ai blocchi sociali nelle alleanze politiche. La domanda è: «Che politica fai»? Perché senza una domanda capitale non c'è necessità di rinnovare. Il primo elemento, quindi, è quello della ricostruzione dell'ideologia. Lo dico chiaramente: ci vuole una *Weltanschauung*, un'idea generale del mondo. E, per continuare a essere chiaro, io non credo che si possa risanare la politica senza la ricostruzione di un nuovo movimento operaio.

Puoi fare richieste indifferenziate, puoi proporre misure restrittive per la classe politica come abbiamo fatto anche noi, puoi arrivare anche alle provocazioni e alle ricette drastiche. Io, per esempio, ho proposto che qualsiasi incarico pubblico, di qualsiasi livello, non sia retribuito con più di dieci volte del salario medio del pubblico impiego. È un'idea. E, come si dice nelle aziende, aggiungo il fatto che se vogliamo una squadra corta allora dobbiamo anche ridurre il livello della rappresentanza politica remunerata.

È tutto utile, tutto necessario. Ma io penso che il problema dei problemi per affrontare la questione che hai posto è la ricostruzione di un movimento operaio. Che in alto vuol dire un'idea della rivoluzione, della politica al servizio di un'idea di trasformazione radicale della società: una missione così alta da essere fondativa. E in basso significa il reinsediamento nella società, cioè nella vita quotidiana delle persone. In sintesi: la ricostruzione di una sinistra. E in questo caso, forse, senza aggettivi. Non due ma una sinistra: credo che da questo punto di vista si possa usare e osare questa ambizione.

Tre no e un salario sociale

Torniamo alla politica, allora, e mettiamo che quella sinistra vada al governo con Bertinotti a capo. O, comunque, con Rifondazione tra i sostenitori. Che si fa?

È chiaro che, come abbiamo detto, dal punto di vista non solo sociale ma economico l'elemento principale che deve improntare una politica del cambiamento è una nuova ripartizione del reddito a favore degli strati popolari.

Proprio a questo proposito hai osservato poco fa come le scalate e i profitti dei nuovi raider ripropongano il tema di un aggressione alla rendita. Visto che quei profitti sono realizzati sul non lavoro, perché non finalizzare parte o tutta la tassazione sulla rendita proprio a sostenere il non lavoro attraverso il salario sociale?

Sì. Semplicemente sì: si tratta di un'ottima occasione e di un ottimo strumento per rilanciare un obiettivo secondo me comunque necessario. L'elemento, poi, che fa da interfaccia alla questione del reddito secondo me è la lotta alla precarietà. E della lotta alla precarietà l'abolizione di quelle tre leggi – legge 30, Bossi-Fini e riforma Moratti – è l'elemento funzionale: per rimettere le cose sul pulito, appunto.

Prendiamole una per volta. Cominciamo dalla legge 30.

Siamo di fronte a una legge che persegue proprio la precarietà. E infatti prevede le norme che determinano la più alta flessibilizzazione dei rapporti di lavoro tra tutte quelle conosciute in Europa. Noi denunciamo giustamente la Bolkestein. Perfetto. Anzi, non facciamo abbastanza per questa battaglia in Europa. Ma noi abbiamo una Bolkestein interna, data da quelli che vengono chiamati ipocritamente i contratti atipici: che è precisamente la stessa modalità di dumping sociale, questa volta interno anziché esterno. Il primo elemento per contrastare la precarietà è reintrodurre come elemento guida il primato del contratto a tempo indeterminato. E per poterlo fare devi rimuovere una legislazione che è stata all'opposto di questo. Appunto, la legge 30.

E la Bossi-Fini?

Naturalmente per ragioni civili, prima di tutto. Per il pregiudizio di cittadinanza che ha imposto, per la sterzata peggiorativa che ha impresso a alcune condizioni di vita degli immigrati nel paese: si pensi ai Cpt, per esempio.

Li avete votati anche voi nella legge Turco-Napolitano...

Noi abbiamo fatto un'autocritica rispetto al fatto di averli votati nel ciclo precedente. La facemmo nel 2003 e cominciammo da lì un impegno generale del partito contro i Cpt. Un impegno che per fortuna oggi confluisce in un movimento più ampio come quello che ha visto Nichi Vendola protagonista dell'organizzazione di una mobilitazione dei presidenti delle regioni contro i Cpt. Su questo aspetto la Bossi-Fini ha aggravato la situazione. Ma di suo la legge che ispirazione ha? Mi pare evidente. Non solo quella, che pure c'è, di deprimere i diritti di cittadinanza degli immigrati. Non solo quella di concorrere a individuare nella società un elemento di frattura e un capro espiatorio. Ma anche quella di riconoscere, dal punto di vista dell'economia, l'esigenza indispensabile di una presenza di migranti in Italia, accogliendo così le istanze delle imprese, le quali – diciamo così – oggi non sarebbero in grado di funzionare senza i migranti. E non parliamo delle famiglie.

Il fatto è che l'ispirazione di fondo della legge è quella di usare questa necessità per individuare un ventre molle nella società che, privo di ogni tutela, possa diventare la lepre da far correre verso l'abbattimento dei diritti e delle garanzie del lavoro. L'idea, cioè, di costruire una specie di Romania interna: un'area di lavoratrici e lavoratori che, in quanto sottoponibili al ricatto, o scendono nei sotterranei dei lavori in nero oppure, quando emergono lo fanno come una popolazione più facilmente ricattabile.

È una lepre che funziona anche in senso inverso, attraverso il meccanismo della paura. Basta guardare come, di fronte all'allarme terrorismo, le popolazioni europee – oltre ad acconsentire ai processi di confinamento degli stranieri – si sono sottoposte volentieri a una riduzione dei loro stessi diritti: come a chiedere di essere repressi per sentirsi sicuri. È una lepre che corre verso la repressione generalizzata dei diritti di cittadinanza.

Funziona esattamente così. Funziona come forza di competizione interna alla coalizione lavoratrice per indebolirla al punto da renderla ricattabile, così da trascinare verso il basso i diritti di tutti. Ci soccorre il paragone storico. Pensiamo al ciclo economico del capitalismo precedente: quello in cui, dopo la vittoria sul nazifascismo, si è prodotto un allargamento della società, con grandi fenomeni migratori, come quello degli italiani che sono andati in cerca di lavoro nei paesi dove crescevano l'economia e l'occupazione. Quella fase ha visto le popolazioni migranti inizialmente in una condizione civile, salariale e di diritti inferiore a quella dei nativi di quei paesi. Ma poi il corso storico, attraverso le lotte e l'integrazione, ha fatto sì che progressivamente la condizione si avvicinasse fino a raggiungere a quella dei nativi. Un trascinamento attraverso l'affermazione dei diritti.

Oggi accade il contrario. Accade che i migranti arrivano in un paese e cominciano da una condizione di reddito, di diritti di cittadinanza inferiore a quella dei nativi. Ma, passando gli anni, non sono loro che raggiungono i primi: sono i primi che si avvicinano, impoverendosi e perdendo le loro tutele, alla condizione dei migranti, che svolgono appunto quella funzione di traino regressivo di cui abbiamo detto. Cosicché, insieme alla paura indotta dal sistema, producono proprio questa concorrenza etnica che rischia di esplodere e provocare i disastri che si vedono nelle banlieu e anche nelle grandi metropoli. Quindi bisogna cancellare la Bossi-Fini: per ragioni di civiltà, certo, ma anche perché è interna a questo processo di precarizzazione generale e alla spirale di odio che crea.

Il tuo terzo no, hai detto, è alla legge Moratti. Da questo punto di vista, però, c'è da recuperare anche una parte di tempo perduto nel corso della precendente legislatura. Anche da parte del centrosinistra i passi di riforma sono stati obliqui, scivolando preferibilmente verso un primato dell'impresa e del lavoro sulla libera formazione...

La legge Moratti, per cominciare, a me pare la conseguenza sulla scuola di tutto il mio ragionamento: se si può passare l'ossimoro, è una stabilizzazione della precarietà. La filosofia che sta al fondo della legge Moratti è quella di un percorso che, introducendo un doppio binario scolastico, spezza l'unitarietà della formazione da organizzare sulla conoscenza e ricostruisce invece una selezione di classe tra una minoranza abilitata al ciclo formativo alto e una maggioranza condannata al ghetto della formazione professionale e di una scuola di second'ordine. Questa operazione, per dirla così, abroga con un tratto di penna Don Milani e richiude la porta aperta con il ciclo di lotte del '68-'69 alla possibilità di una scuola di massa di qualità per regredire a una scuola di eletti ma anche a un serbatoio di accompagnamento adattativo verso un ingresso nel mercato del lavoro in cui starai da precario se non da disoccupato.

Questa ispirazione è conseguente, grossomodo, al fatto che uno dice: «Ma che bisogno c'è di spendere tanti soldi in formazione se poi il lavoro fa così schifo? E se il lavoro fa così schifo per la maggioranza della popolazione, tanto vale fare una scuola che sia semplicemente un accompagnamento a questa condizione». Quindi, per venire anche a noi e al passato da non ripetere, riattivare la possibilità di una scuola di massa e di qualità fondata sulla conoscenza richiede di mettere in discussione la legge Moratti.

Per riassumere, questi tre elementi in negativo – legge 30, Bossi-Fini e riforma Moratti – dovrebbero costituire la base programmatica di una parola d'ordine generale in positivo.

Quale parola d'ordine che non sia un no?

Qualcosa del tipo: l'Italia che noi vogliamo è un territorio deprecarizzato. Non so se si ricorda quando sulle strade si leggeva: comune denuclearizzato. Significava che quel comune era contro la guerra, e per metterlo in valore affermava che in quel territorio non c'era spazio per il nucleare. A me pare che un governo con una guida di sinistra dovrebbe affermare che l'Italia è un paese denuclearizzato e deprecarizzato.

E perché, invece, non si può più semplicemente dire che l'Italia vuol essere un paese «sicuro»? Sicurezza è diventata una cosa di destra come se le insicurezze principali non fossero proprio quelle sociali, a cominciare, appunto, dalla precarietà...

Sicuro è un termine ambiguo. Anche se è vero che le parole subiscono tutte delle torsioni...

Appunto. Parlare di «sicurezza» sul lavoro, ad esempio, è tutt'altro che di destra...

È un elemento di nobiltà.

Come anche «riforma» dovrebbe significare qualcosa di progressivo anziché di regressivo...

Riforma... Bè, c'è tutta una discussione attorno a riforma, riformatore, riformista. Oggi può apparire curioso, ma è proprio del raffinato dibattito politico italiano negli anni Sessanta aver fatto sì che la stragrande maggioranza del movimento operaio rifiutasse di essere chiamato «riformista». Dovendosi quindi trovare una definizione che non fosse dalle grandi categorie della politica – socialista o comunista – pretendeva per sé la definizione di «riformatore». Ma perché questo, apparentemente, sembrerebbe un dibattito terminologico? Per dire che ciò che distingueva gli uni dagli altri non era la gradualità, ma appunto la radicalità della riforma. I riformisti facevano pensare oltre che alla gradualità a un miglioramento della condizione senza meta; gli altri proponevano le riforme come riforme di struttura, cioè come modificazioni non solo della condizione di vita delle persone ma degli assetti del capitalismo fino a proporne, per quella via, la fuoriuscita. Lo dico per ricordare la densità del termine «riforma» in una stagione. Poi è diventato il fatto che tagli le pensioni: «riforma» è il taglio delle pensioni. Davvero è il rovesciamento di un termine addirittura nel senso comune.

Qualcosa del genere accade anche per sicurezza. Sicurezza è una bella parola. Io – sai cosa c'è? – vorrei essere sicuro. Di che cosa? Del mio futuro, di avere una pensione quando invecchio, di avere diritto alla prevenzione prima ma se mi ammalo di essere curato, di poter mandare a scuola i miei figli offendo loro la pienezza della libertà di apprendimento. Questo è la sicurezza.

Oggi, invece, la sicurezza è diventata non essere aggredito per strada. Per cui ti viene tolto tutto, ma non ne chiedi la restituzione e leggi la sicurezza nella domanda di altre privazioni per gli altri e per te. Siccome questa società produce poi anche una crisi di civiltà, cogli solo quell'estremo in cui scompare la responsabilità del sistema, del governo, delle forze politiche di maggioranza, dei suoi ceti politici dominanti. Siccome a quel punto ciò che si manifesta come effetto è irresponsabile politicamente, allora lo puoi colpire. Cioè: soltanto quando esce dalla responsabilità politica allora la sicurezza diventa una ragione per intervenire. Fintanto che invece ha a che fare con la responsabilità politica, la sicurezza come concetto si dissolve.

Non che il concetto libertà stia avendo un'evoluzione molto più incoraggiante. Anzi...

Bè, anche su questo però c'è sempre stata una disputa.

Proprio sempre? La libertà è uno dei primi aneliti umani.

Sempre no. Ma nel periodo del capitalismo libertà è sempre stato un termine e un concetto conteso. Perché? Bé, perché secondo me ciò che lo definisce è il rapporto con l'eguaglianza. C'è un valore in sé, beninteso. Ma io sono proprio convinto di questo rapporto: che non riduce il valore della parola libertà, perché con l'eguaglianza entra in campo l'altro, mentre il concetto di libertà in termini assoluti accetterebbe di essere coniugato anche solo nell'individuo. Mentre cioé l'individuo non si dà come tale se non in un contesto sociale, concettualmente la parola accetta di essere declinata anche con l'individuo solo. Se introduci «uguaglianza» anche «libertà» assume una torsione arricchente: perché si configura anche rispetto all'altro, all'altro – diciamo – con cui componi la comunità e l'organizzazione sociale della vita.

È a quel punto che nasce il bivio. La questione è cioè se tu pensi che la tua libertà finisce dove comincia la libertà dell'altro, secondo la classica formula liberale, in cui la comunità viene ridotta semplicemente all'insieme di individui ai quali vengono sottratte le relazioni sociali, a cominciare dal loro nucleo che attiene all'organizzazione del modo di produrre. E allora, appunto, la parola libertà si definisce in negativo. Laddove invece, sia nelle culture del movimento operaio ma anche nelle culture cristiane, l'altro non è assunto come limite ma come termine con il quale si coniuga la libertà. L'altro è cioè indispensabile alla costruzione della tua libertà, perché la tua libertà è liberazione: è liberazione dall'alienazione, dallo sfruttamento, dal lavoro salariato, dal patriarcato, dalle forme di oppressione. Uguaglianza è perciò il termine per cui libertà diventa liberazione. E quindi, diciamo, è vero che libertà è una parola affascinante: molto, moltissimo. Ma lo è in particolare perché per noi, anche quando non lo diciamo, si coniuga con il termine uguaglianza.

Autonomia e democrazia, formula di governo

Tra le dicotomie ricorrenti di Bertinotti c'è quella autonomia-democrazia: la candidatura alle primarie come espressione di un'irriducibilità ma dentro un contesto in cui si rimette al verdetto democratico, lo stesso nel rapporto proposta-risultato con i movimenti. Come dovrebbe funzionare questa formula rispetto al centrosinistra e al governo?

Questa dell'autonomia è una questione grandissima: appare e scompare nella vita del paese. Qualche volta, lo abbiamo visto, viene usata in termini cautelativi. E invece, secondo me, è un punto assolutamente dirimente: in primo luogo di ridefinizione del rapporto tra il governo e la società.

C'è un carattere assai relativo del peso del governo rispetto alla società. Su quel punto c'è invece un nostro vizio antico – parlo della sinistra storica – di sovraccarico sul governo che ha tutto da guadagnare dall'essere ridimensionato, non solo in relazione ai poteri forti della società capitalistica: aver presente, cioè, quanto è debole anche il potere dell'esecutivo statuale rispetto ai poteri e ancor più alla nuova geografia dei poteri del capitalismo mondiale, alla sua organizzazione e penetrazione. Basterebbe guadagnare questa consapevolezza per guadagnare in larga misura una via d'uscita dai vizi più gravi del politicismo. Perché è evidente che se tu hai questa percezione e vuoi avere un percorso riformatore, se vuoi affacciarti al tema della riforma devi porti il problema dei rapporti di forza nella società. Tema quasi dimenticato dalla politica corrente, questo dei rapporti di forza nella società. Che si può declinare anche altrimenti: qual è il blocco sociale di riferimento di un'esperienza governativa? Con chi, in nome di chi e per chi fai un processo riformatore? Un processo che naturalmente ha come orizzonte il consenso generale della società, ma che muove dall'attivazione di un complesso di forze vocate e impegnate da e con te. E questo ha molto a che fare con l'autonomia.

Perché? Che nesso c'è tra il concetto di autonomia e lo spostamento dei rapporti di forza nella società?

A meno che tu non abbia una visione giacobina o avanguardistica – che francamente non mi pare nessuno oggi possa avanzare sulla base di un'analisi delle società come sono in questo millennio –, appena ti poni questo ordine di problemi devi anche individuare le potenze democratiche che possano dar corpo a questa alleanza sociale tra un progetto politico e il suo corpo sociale. Sei tu, governo, che dovresti proporti le autonomie: un governo riformatore non deve subire le autonomie, ma in qualche modo dovrebbe sollecitarle. Questo è davvero un mutamento profondo degli occhiali con cui guardi alla tua esperienza. Perché quello che devi garantire non è la stabilità del tuo governo ma la continuità del processo riformatore che vuoi sviluppare.

Intendi dire che la stabilità dell'esecutivo non è la cosa principale da garantire? Se lo sentono dire in un vertice dell'Unione lo sai gli accidenti che ti becchi?

Intendo dire che il problema non è sfuggire a un conflitto che magari possa anche essere rivolto nei tuoi confronti, ma invece favorire la crescita e la possibilità di protagonismo, e dunque di conflitto, della platea delle forze che tu hai individuato come parte del blocco di riferimento del cambiamento: blocco sociale, blocco culturale, blocco civile. Perché la nozione stessa di blocco sociale risulta del tutto inadeguata rispetto a un processo di riforma in cui entrano in maniera così rilevante – ad esempio – la critica delle donne all'organizzazione patriarcale, a quanto questo capitalismo del nostro tempo è impastato di una cultura patriarcale, il tema della liberazione della donna e persino della messa a valore nella società della scelta della donna sul proprio corpo, che invece continua a essere considerata dall'organizzazione della società capitalistica e dalla sua cultura prevalente come un elemento di messa in discussione della stabilità. Oppure – per restare agli esempi – penso a come l'affermazione e la messa in valore di elementi riguardanti la natura e l'ambiente possono essere considerati come agenti che mettono in discussione il paradigma della competitività dell'impresa e del mercato.

Quindi quando parlo di blocco sociale voglio dire un blocco di forze sociali e di soggettività critiche che devono essere messe nella condizione di crescere nel loro progetto di autonomia. Tu, ne abbiamo già parlato, non dovresti mai pensare che se un sindacato fa uno sciopero generale questo è un guaio. Anzi. Ma questa autonomia dei corpi intermedi della società, e in particolare delle organizzazioni di riferimento, è una parte importante ma non esaustiva. Io l'autonomia la vedo in forme ancora più difficili, anche da promuovere.

Spiegati meglio: quali sarebbero queste forme più difficili di autonomia da promuovere?

Penso a quella più classica: le autonomie locali. C'è sempre una tentazione a mettere le briglie in una logica centralista. Oppure, quando hai una logica federalista come quella che ispira il governo delle destre, allora hai la rottura totale del rapporto tra la realtà locale e i processi di costruzione degli elementi di integrazione nazionali e sovranazionali. È l'altra faccia della stessa medaglia centralistica: una moltiplicazione dei centralismi.

Prendiamo invece ad esempio il bilancio partecipativo: il bilancio partecipativo è il fondamento dell'autonomia, che non risiede semplicemente in un elemento istituzionale. Così come l'autonomia del sindacato non risiede in un elemento funzionale, ma nella democrazia sindacale, cioè nella possibilità data e garantita ai lavoratori di poter decidere anche sulle scelte del sindacato. Il sindacato è autonomo dal governo se i lavoratori detengono il diritto alla democrazia sindacale: è questo il garante in ultima istanza dell'autonomia. Alla stessa stregua, il garante dell'autonomia locale non è il sistema istituzionale delle regole, pure importante, ma invece l'assunzione nella coalizione del bilancio partecipativo come elemento fondamentale del processo di riforma. Attraverso *Carta* per esempio abbiamo avuto la possibilità di conoscere esperienze che in Italia si muovo abbastanza diffusamente in questa direzione, e quindi fanno parlare di questo tema non in termini di auspici ma di messa all'opera.

Ma io penso – e questo è anche un punto critico – anche al tema dell'autonomia del partito dal governo.

Partito di lotta e di governo, insomma? O meglio: Rifondazione mette in conto la possibilità di disobbedire ma senza rompere l'unità?

All'inizio degli anni Sessanta è venuta affacciandosi un'elaborazione che secondo me ha costituito uno dei punti più alti della politica in Italia, sia da parte di chi, in nome dell'autonomia della sinistra, contrastava efficacemente le tesi sulla esigenza della nascita del governo del centrosinistra, sia da parte di chi investiva sul carattere riformatore di quel processo, come la sinistra socialista, Riccardo Lombardi e altri. E a quella fase risale l'idea dell'autonomia del partito operaio dal governo. Io penso che si tratti di una questione che noi dovremmo riprendere per davvero. Questa questione dell'autonomia del partito dal governo è stata invece soverchiata dal problema dell'unità o rottura della coalizione, tanto più in presenza del vincolo del sistema maggioritario.

Quindi stai dicendo che si può strappare senza rompere? Che c'è una sorta di geometria variabile della coalizione che consente l'esercizio della rottura salvaguardando l'unità?

Noi abbiamo imparato che per poter incidere davvero sui processi devi mettere in scacco questa coppia. E sostituire a questa coppia statica – unità o rottura – un elemento dinamico, fondato sulla possibilità di fare coesistere la radicalità e l'unità. E per poter far coesistere questi elementi noi dobbiamo attingere a piene mani all'esperienza dei movimenti, e in particolare quello contro la globalizzazione e della pace, per provare a sperimentare su un terreno ancora più difficile quella lezione.

Io penso che una delle forme attraverso cui possa prodursi questo elemento è proprio l'autonomia del partito dal governo. Il che – intendiamoci – non equivale a proporre un'astuzia: equivale a mettere la sfida tra sinistra moderata e sinistra radicale sul terreno della sfida più grande, quella dell'Unione nel suo complesso, rappresentata dalla risposta da dare ai problemi della crisi del paese e da una fuoriuscita da questa crisi che rappresenti l'avvio di una trasformazione reale.

Come si fa? Lo facciamo avendo dichiarato in partenza che noi abbiamo due idee diverse di società. Perciò la mia autonomia non è fondata su un voler essere, ma sul fatto che io ho un progetto di società. E tuttavia mi costringo a un attraversamento, a passare dalla cruna dell'ago anche dell'esperienza del governo. Ma, come ho spiegato all'inizio con la metafora del contratto, l'esperienza di governo è un transito, non il mio fine: è il transito attorno al quale si addensano degli elementi che io penso possano concorrere – diversamente dalla sinistra moderata che legittimamente pensa il governo in un'altra accezione – a un processo di trasformazione della società, un processo rispetto al quale la connessione con il movimento per me è fondamentale. Per cui penso che possa vivere una tensione critica tra il partito e il governo di cui fa parte senza che necessariamente questo precipiti nella drammatica alternativa tra unità e rottura.

Faccio notare che da questo punto di vista alcune esperienze di governo locale già inducono a riflettere sulla possibilità di questa esperienza. Ci sono esperienze in cui tu sei passato anche attraverso momenti di forte contrasto del movimento con la giunta in cui tu stavi. Tu sei stato totalmente nel movimento e con le istanze di movimento e, anche quando quelle istanze non sono state recepite, non hai scaraventato sul governo la rottura che avrebbe prodotto sì un chiarimento ma impedito l'accumulazione dell'esperienza per andare oltre. E hai poi riallacciato la possibilità di influire insieme ai movimenti su quel terreno controverso come su altri.

Ti riferisci al caso di Roma, con gli attriti tra la giunta Veltroni e l'area disobbediente?

A Roma, a Napoli... Mi riferisco a vicende a volte anche molte aspre, e che però hanno prodotto dei processi di avanzamento. So bene che sul governo centrale è molto più difficile, ma la questione secondo me non può più essere marginalizzata e tantomeno elusa: è uno dei temi principali, non solo per il partito ma anche per la coalizione e per il movimento stesso in tutte le sue articolazioni.

Approdi. Mai ministro ma...

Torniamo alle primarie, all'Unione, alle elezioni, al governo. Se perdi con un buon risultato, ci vai a fare il vice di Prodi?

No, assolutamente.

Sempre che te lo offra, peraltro...

No ugualmente. Ma non è un atto di superbia, intendiamoci. Intanto c'è una ragione di sistema delle primarie. Scusa sai, ma le primarie secondo me sono come i campionati del mondo di ciclismo: vale solo il primo. Le primarie sono senza eredità: chi vince è colui che guida la coalizione, nelle cui mani c'è la responsabilità della costruzione partecipata del programma e che esprime, anche simbolicamente, la coalizione nella competizione elettorale. Di tutto il resto non rimane traccia: il resto finisce il giorno stesso che si concludono le primarie. Secondo me questo punto dev'essere nettissimo: se uno arriva secondo, anche con un buon risultato, non eredita nulla né ha legittime pretese da esigere. Anzi. Io penso che sarebbe anche bene che tutti i candidati scegliessero di essere accompagnati da una donna sia nella campagna elettorale per le politiche che nella premiership di governo. Poi bisognerebbe discutere con le donne e con organizzazioni femministe le modalità di questa scelta, ma lo dico a maggior ragione per dire che non c'è eredità sul vicepremier su questo punto. A me parrebbe che un'accoppiata, che oggi si presenta come maschio-femmina ma che domani può ugualmente essere femmina-maschio, sarebbe una buona cosa. E se ogni candidato la prendesse come impegno penso che sarebbe utile: utile anche a indicare un altro elemento di differenza.

E a te con chi piacerebbe accompagnarti, se vincessi le primarie?

No, no. Appunto: vorrei sentire le donne. Figurati se scendo su questo terreno: il terreno accidentato e terribile – in particolare, e giustamente, per le culture femministe – di una sorta di elargizione. Assolutamente no, per l'amor del cielo. Semmai bisognerebbe determinare una forma di consultazione: le organizzazioni, i movimenti, le associazioni si pronuncino, dicano, scelgano, propongano modalità e personalità. Non vedo altre strade.

Ma se poi è Prodi a chiedere un impegno di governo, come si è detto che sarebbe orientato a fare con tutti i leader della coalizione?

Niente da fare. Per me c'è una prima ragione di sistema. Non si può perché chi eventualmente uscisse secondo non è vicepremier: è secondo e dunque va dimenticato, perché resta solo la maglia iridata del vincitore.

La seconda ragione è un argomento che qui può non essere attinente, ma io non sono interessato ad alcun incarico di governo. La mia determinazione su questo punto è una determinazione personale, che riguarda la mia concezione della vita e della politica: non riguarda altro né la voglio proporre come modello, ma è una determinazione assoluta.

Sarà pure personale, ma riguarda appunto anche la politica, quindi interessano anche le motivazioni...

Se possono interessare le motivazioni, forse riguardano principalmente il modo di concepire la politica. Il fatto in sé, del resto, è irrilevante: che io non vada al governo è di scarso rilievo. La prima motivazione è che io penso non si debba dare l'idea di una carriera in politica al cui vertice c'è l'incarico di governo. Se ci deve essere un *cursus honorum*, nel mio *cursus honorum* al vertice c'è la responsabilità di un partito.

O di un sindacato?

O di un sindacato, sì. Quindi, non in nome di una modestia ma di una ambizione, dico di no. Avendo fatto il segretario del partito, io qui mi fermo.

Difficile da prendere in parola...

Se poi dicessi addirittura che io ho avuto la ventura – cosa che mi fa molto sorridere, autoironicamente – di essere segretario di un partito di cui uno degli iscritti si chiama Pietro Ingrao, allora non solo basta ma avanza. È una cosa che non si sarebbe mai dato di pensare possibile. È come – ho già avuto modo di dirlo – se a un parroco di campagna a un certo punto si presenta il pontefice a dire: «Sa, io sono venuto a fare il suo fedele, entro nella comunità dei suoi fedeli». Io sto pressappoco in una condizione di questo tipo. Al di là della mia vanità e dello scherzarci sopra, le cose stanno così. Per altro, penso sia saggio rifiutare una gerarchia della politica in cui il massimo è il governo: il massimo secondo me è la direzione dei movimenti, dei partiti, dei sindacati. Ah! poi c'è una cosa... Peccato che non ce l'ho qui con me.

Che cosa?

Mi è capitato di leggere un librettino in cui Pietro Nenni, non Rosa Luxemburg, Pietro Nenni scrive a un giovane compagno che lo invita a casa sua per le vacanze. E risponde ringraziando ma declinando l'invito. E gli dice: «Non posso, sono tormentato da un lavoro che è diventato asfissiante. Sai, segretario del partito e vicepresidente del consiglio… Il lavoro più gravoso, poi, è questo di vicepresidente del consiglio. Perché sai: noi che siamo al governo dobbiamo sapere che non siamo al potere. E quindi la fatica è grandissima, perché il massimo che ci può capitare è di condizionare affinché il potere degli altri sia meno peggio».

Ora, questo vecchio socialista che nell'ultima fase almeno poteva essere definito riformista, aveva la lucida consapevolezza del carattere limitato del potere del governo di fronte al carattere pressoché illimitato del potere del capitalismo. Se venisse assunta come modalità di guida della presenza del governo per tutti, sarebbe almeno una misura di igiene politica. In ogni caso, per prima c'è la rottura delle gerarchie, le gerarchie che invece sembrano affermarsi di questi tempi. Questo vale per tutti: segretario di federazione piuttosto che assessore, segretario di circolo piuttosto che consigliere comunale. Per quel poco che vale, in qualche modo bisognerebbe riposizionare un primato della politica nei partiti, nei movimenti e nelle associazioni rispetto a quello delle istituzioni. Inoltre io penso che non ci siano uomini per tutte le stagioni e per tutte le esperienze. E in queste stagioni non solo ci sono le stagioni politiche, ci sono anche le stagioni del tempo della vita. E io penso che la politica dovrebbe fare per gli incarichi esecutivi almeno ciò che fa la chiesa, che stabilisce un limite di età per i vescovi e per i cardinali. Ci si ferma, capisci?

Non nel caso del papa…

Non il papa, appunto. Ma il papa, come si sa, è il titolare di una cattedra trascendente. Sotto di lui, la legge vale per tutti.

Sai com'è… Nella storia del comunismo, italiano in particolare, i leader si mettono a confronto proprio con i papi e i partiti con la chiesa di Roma. Lo fai tu stesso…

Appunto. Siccome invece dobbiamo ritrovare una dimensione e una fondazione laica della politica e una dismissione della sacralità dei gruppi dirigenti, fissare un limite di tempo e di età secondo me è una buona cosa. Io ho sessantacinque anni. E penso che sia bene che gli incarichi esecutivi volgano a fine. Perciò uno non intraprende la carriera da ministro a sessantacinque anni. Ma lo dico proprio anche come esempio – diciamo così – di una deontologia della politica. La politica è fatta di grandi aspirazioni, di grandi passioni, di grandi sentimenti. E io credo di averla vissuta così, con grandi emozioni. Però è fatta anche di mestiere, di professione, di lavoro. E allora: che la prima duri tutta la vita, ma che quel tanto di professione o di mestiere che è incorporato nella tua vicenda politica abbia un termine. Come tutti i mestieri e come tutti i lavori. Uno continua a occuparsi di politica, ma perché deve farlo dirigendo?

Oltre al diritto alla pensione, insomma, anche il dovere?

Sì. Pensione dal ruolo dirigente, non dalla passione politica. Scendere cioè dalla tolda di comando e di lavoro, che richiede un'energia e un investimento di forza grandissimi: il governo degli uomini è un compito assillante e faticosissimo. Io penso che sia bene distinguere tra la politica e l'impegno politico, che aspiro mi duri per tutta la vita, e l'incarico esecutivo, che invece a un certo punto deve terminare. Mi parrebbe paradossale cominciare un incarico esecutivo – esecutivo non rappresentativo – alla mia età.

C'è infine il fatto che la politica deve pur offrire l'opportunità di poter coniugare una responsabilità generale con una propensione, anche con una propensione a un'opzione. E io penso che sulla base dell'esperienza che ho fatto finora potrò fare molte altre cose, ricerca politica o altri ruoli, ma non direttamente questo di governo.

Per cui, per queste tre ragioni – la prima di gerarchia nel lavoro politico, la seconda nell'idea che esiste un limite anche temporale alle attività esecutive, la terza legata a una propensione personale – la mia preclusione a incarichi di governo resta totale.

Mettiamola così, allora. In caso di vittoria dell'Unione, personalmente ho scommesso sul fatto che Bertinotti finirà a fare il presidente della camera...

Ah, davvero? ...È difficile.

Però sull'aspirazione non mi sbaglio. Del resto è lo scranno che fu di Ingrao...

Riconosco che non sarebbe ostativa l'età. Ma credo che sia ostativa la mia fisionomia troppo partigiana. Eppoi figurati: cattedra prenotata.

Da D'Alema?

Da D'Alema, da chi vuoi. Molti pretendenti.

APPENDICI

1. RIFONDAZIONE DA PRODI A PRODI

«Dove saremmo oggi senza quelle che avete chiamato svolte?», si accalorava Fausto Bertinotti concludendo il congresso veneziano di Rifondazione comunista: il sesto dalla nascita del partito nel 1991, il quinto del principato bertinottiano. Perché una «svolta» appresso all'altra, con le assise del marzo 2005 è andato effettivamente chiudendosi un ciclo di rifondazione del partito bertinottiano. Tanto che il leader ha annunciato il passaggio del testimone.

Nel corso di più di un decennio il comunismo negli armadi di Rifondazione si è sottoposto a un completo cambio di stagione. Era un partito del «no» (allo scioglimento del Pci) identificato nel garrire delle rosse bandiere; è passato attraverso non solo la teoria ma l'esercizio delle «due sinistre» e una rottura algida con il primo governo Prodi; ha incontrato nuovi movimenti e diversi compagni di strada in libera uscita dalla crisi verticale del ciclo riformista della *governance* progressista; fino a rimettere finalmente al mondo le proprie certezze ideologiche

Lungo questo giro di giostra, di (s)volta in (s)volta Rifondazione comunista ha perso per strada pezzi interi della propria classe politica; riuscendo soprattutto nell'ultima fase – dopo Genova – a rigenerarsi con la duplice costruzione di una nuova leva interna e di nuove relazioni intorno.

«La coppia più bella del mondo»

Quando, nell'ottobre del 1993, Bertinotti si iscrisse al Prc per divenirne pochi mesi dopo il leader, la sua ascesa direttamente al vertice rappresentava il punto di neutralità all'interno di un partito diviso per quasi inconciliabili culture politiche: dal Pdup, a Dp, al cossuttismo, al trotzkysmo, al berlinguerismo ibernato e via dicendo. E le sue doti televisive ancora non si riflettevano con altrettanto personalismo interno, per quanto l'uomo fosse predisposto fin dai tempi del sindacato. Ma un partito, e un partito con una propensione ortodossa da vecchio Pci e insieme un frazionismo da sinistra gruppettara, è un'altra cosa. «Potremmo inserire Giacinto (Botti, *ndr*) nel comitato politico?», ricorda un dirigente ancora in carica che Bertinotti quasi si scusava con lo stato maggiore. Per sentirsi rispondere: «Guarda che il segretario sei tu…».

Bertinotti eredita dal dimissionato Sergio Garavini un partito che all'ultima tornata elettorale con il vecchio sistema proporzionale (quella del 1992), alla Camera ha raccolto 2.202.574 voti (il 5,6 per cento) e 35 seggi. La sua segreteria anti-ortodossa, calibrata e intronata dall'asse Cossutta-Magri anche per agevolare la partecipazione alla coalizione dei Progressisti, porterà il Prc avanti di poco alle elezioni del 1994, le prime con l'uninominale maggioritario: 2.334.029 di voti (pari al 6 per cento) e 39 seggi.

Forte della fulminante celebrazione della «coppia più bella del mondo» con il presidente Armando Cossutta, il segretario guida subito Rifondazione comunista oltre il congresso (il secondo) che lo ha eletto: in cui si sprecavano i giudizi sprezzanti sul Pds occhettiano ma si confermava l'intenzione di un accordo «programmatico» con il resto della sinistra entro il quale approfondire l'elaborazione dell'alternativa. Prende piede il postulato delle «due sinistre» – specchio della riflessione di Marco Revelli sulle «due destre», in cui a quella tradizionale si aggiunge la sinistra liberale – e della loro inconciliabilità.

Quelli che baciarono il rospo

Alla caduta del primo governo Berlusconi i diarchi dicono no alla finanziaria del governo Dini, il «rospo» baciato da molta sinistra come salvagente da un probabile nuovo trionfo elettorale del cavaliere: respingono anche l'ipotesi di lasciare l'aula per consentire un via libera in funzione anti destre. Parte consistente dei gruppi parlamentari vota però a favore del governo. Una scelta condivisa da alcuni esponenti di spicco (uno per tutti, Nichi Vendola) dell'attuale maggioranza bertinottiana, talmente forte da frenare una normalizzazione sanzionatoria del dissenso. Tuttavia il vertice spalancherà la porta alla fuoriuscita dei dissidenti, spesso deposti da incarichi dirigenti territoriali: questo porterà anche al primo scisma, prevalentemente da parte dei magriani e dell'area vicina a Garavini.

Rifondazione «è una steppa arida, e Bertinotti l'ha incendiata», osserveranno i transfughi a proposito di quella che si confermerà per tutta la prima stagione del Prc un'allergia a ogni contaminazione: coltivata tanto dal segretario che dal presidente quasi come svezzamento di una creatura troppo fragile rispetto alle intemperie esterne.

Allo stesso tempo, quella rottura con il senso di responsabilità nazionale – che è stato del Pci – è un primo, confuso passaggio della rifondazione bertinottiana. Incompiuto, perché lo stesso Bertinotti deporrà le armi nel momento in cui Dini fisserà – rivolto a lui nell'aula di Montecitorio – una scadenza per il proprio esecutivo. Come strappi successivi operati dal segretario, anche questo sarà agevolato dal fatto che altri (coloro che voteranno la fiducia a Dini) tendono comunque una rete protettiva. Come per altre rotture, Bertinotti si curerà di aumentarne il frastuono ma anche del fatto che non siano irreparabili. Forse in virtù di questo, come per ragioni di consolidamento della creatura partito che sente propria, Cossutta sostiene il segretario: dando voce ai suoi animosi strali verso i dissidenti attraverso *Liberazione* (allora diretta da Oliviero Diliberto), mentre i suoi fedelissimi vengono cooptati in segreteria nel *turn over* dei transfughi.

La desistenza

Nel frattempo, del resto, Rifondazione è impegnata – su pressing dell'area del presidente – nella stagione dei sindaci a partecipare alle alleanze di governo delle città. È anche il lasciapassare per l'accordo di desistenza con l'Ulivo, la formula che di per sé descrive una differenza inconciliabile.

Nel giugno del 1995 Bertinotti e Cossutta respingono la proposta di programma comune lanciata da Prodi, che pure punta sull'autosufficienza dell'Ulivo piuttosto che su una piattaforma comune di governo con i comunisti. Il centrosinistra – ove si vagheggia da una parte una grande sinistra socialdemocratica (con D'Alema) e dall'altra il partito democratico (con lo stesso Prodi e Veltroni) – non se ne duole più di tanto. Per Rifondazione si apre in questa dinamica un vasto banco di pesca elettorale alla sinistra del Pds, in virtù della capacità di esprimere allo stesso tempo il massimo di intransigenza e di tensione unitaria frontista contro Berlusconi. Risultato: alle elezioni dell'aprile 1996 il Prc prende sul proporzionale della camera ben 3.215.960 voti (pari all'8,6 per cento) e 35 seggi. In virtù di quel risultato Rifondazione voterà la fiducia in bianco, ma resterà fuori dall'esecutivo.

Si apre subito dopo il terzo congresso. «Autonomia e unità», è la parola d'ordine che sancisce il paradigma delle «due sinistre» e l'ispirazione (scolastica) del Prc a svolgere un ruolo egemone su quella antagonista; ma anche la brutalizzazione (pure scolastica) delle minoranze nel nome della «lotta al settarismo».

Gli slogan bifronti diventeranno una caratteristica del partito bertinottiano: tra contraddittorietà postmoderna e doppiezza tradizionale, rotte solo dagli imperativi singolari per fronteggiare i momenti peggiori (come dopo la crisi con Prodi e la scissione del '98).

Il partito di massa che non c'è

L'anno successivo è la volta della prima conferenza di organizzazione del Prc, il cui significativo consenso elettorale non trova affatto corrispondenza nel corpo militante. I circoli sono rissosi e ripiegati su loro stessi, spesso paleocomunisti: la ricetta fondata sulla costruzione di nuove strutture intermedie tra partito e società aperte anche a non iscritti rappresenta un altro tassello del percorso bertinottiano. Il «partito antagonista di massa» (altro concetto duplice) è un ibrido che tiene insieme l'organizzativismo cossuttiano e il nuovismo movimentista del segretario, ma sempre attribuendo il ruolo d'«avanguardia» al partito con la p maiuscola, al gruppo dirigente più o meno diffuso. Il varo del soggetto giovanile si rivelerà successivamente l'unica mossa organizzativa efficace (probabilmente in quanto non si edificherà secondo i canoni tradizionali) da parte di un partito postnovecentesco ma ancora zavorrato di feticci, simulacro del «partito di massa», in cui non c'è proporzione né coerenza tra il consenso e il radicamento tradizionalmente inteso.

Nel frattempo si acuisce la tensione con il governo. A fine '97 si arriva al rischio, tanto che il 10 ottobre Prodi sale al Quirinale per rimettere il mandato. La rottura verrà scampata grazie al varo delle 35 ore in Francia e all'accordo – che rimarrà lettera morta – tra Prodi e Bertinotti per procedere lungo lo stesso solco in Italia.

Ma il vero strappo che si sta producendo è quello interno al partito. Cossutta non si capacita della leggerezza con cui Bertinotti coltiva il rapporto negoziale con l'esecutivo: il presidente fonda il suo ragionamento realista sull'azione politica del partito all'interno del sistema di alleanze e sul consenso elettorale da trarne nelle aree contigue di sinistra. Bertinotti sente invece sfuggire il rapporto con lo spirito di irriducibilità che anima il Prc, concentrandosi soprattutto sulla tenuta del corpo militante e del ceto dirigente: «Potevamo implodere», osserverà in quei giorni conteggiando invece un aumento degli iscritti.

Nella coltivazione del corpo istintuale di Rifondazione prima che della sua mente, paradossalmente Bertinotti si rivela a tratti più cossuttiano di Cossutta. Il braccio di ferro si concluderà con la segreteria che (il 13 ottobre) dà mandato pieno al leader di proseguire il negoziato con Prodi, mettendo in minoranza la componente cossuttiana, dalla quale si stacca l'area dell'*Ernesto.* E con essa le casse del partito. Mentre sul piano della rappresentanza istituzionale da sempre gli uomini del presidente risulteranno – come da tradizione – meglio attrezzati. In realtà Bertinotti ha fatto il passo definitivo per la conquista monocratica del partito: si è garantito la fedeltà anche di ex cossuttiani che sarà poi determinante per reggere la successiva rottura con Prodi ormai già nell'aria.

La fine del governo Prodi

A livello interno, insomma, la rottura risale al 1997: l'anno successivo servirà solo a farla fermentare meglio. Tanto da riflettersi anche sulla crisi che si apre a *Liberazione*, tra la fine del '97 e il maggio del '98, e che si risolverà con la paradossale iscrizione alla Fieg della società editrice del Prc, facendosi cioè «padrona». Bertinotti e i suoi sentono vacillare l'autonomia del partito, la soggettività del progetto del Prc dentro l'alleanza con la coalizione ulivista. E stringono il pugno. È un riflesso identitario anche brutale rispetto all'omologazione con l'Ulivo, ma che al contempo legge i cedimenti della maggior parte dei leader europei rispetto alla stessa socialdemocrazia tradizionale, criticandone l'eccessiva sintonia con i principi liberisti in politica economica e estera, e coltivando perciò con sempre più attenzione ogni radicalità antiliberista.

Benché a secco di altri sbocchi, Bertinotti percepisce la strada senza uscita del centrosinistra e sceglie perciò di salvare l'«anima» anti-sistema di Rifondazione. Cossutta se ne preoccupa però nel quadro nazionale: sente la minaccia berlusconiana e domanda al partito di rimanere spendibile dentro una coalizione nel segno della continuità con la tradizione del Pci.

Ma il quadro comincia effettivamente a saltare. In Italia la tensione è segnata dagli scontri tra l'Ulivo soggetto politico (di Prodi e Veltroni) e l'Ulivo cartello di partiti (di D'Alema), tra il centrosinistra con il trattino rispetto e quello senza. In realtà lo scontro si è spostato sul timone, o quantomeno la cabina di regia, del «capitalismo bentemperato» (come lo definiva Prodi): tra la tradizione cattolico-democratica e quella socialdemocratica che incalza.

Incapace di prendere quota rispetto al dogma del liberismo e delle compatibilità finanziarie – con le annesse istituzioni sovranazionali – è però tutta una politica che sta vacillando: la speranza che si portavano dietro i successi di Clinton e Blair piuttosto che Jospin e Schröder.

Cade così il governo Prodi, lasciando inevasa una cambiale di guerra (quella nei Balcani) che dovrà onorare il primo premier postcomunista, Massimo D'Alema, con il sostegno amaro del Pdci e dei Verdi. Tuttavia Bertinotti non rompe sulla guerra (che verrà nella primavera 1999 e sarà il cavallo di battaglia nella semi-rovinosa campagna elettorale per le europee): il leader di Rifondazione avvia da luglio il percorso di fuoriuscita dalla maggioranza attraverso la formula (ancora una volta duplice) «svolta o rottura», chiedendo un cambio di rotta in senso pubblico (sono anni in cui privatizzare è una sorta di dovere morale) della politica economica.

La scissione con il salvagente

L'area cossuttiana – di cui ha preso le redini Diliberto – lascerà il partito fondando il Pdci con i suoi parlamentari, ma verrà ugualmente a mancare un voto sul pallottoliere tenuto da Arturo Parisi per calcolare la fiducia al governo Prodi. Tuttavia il leader del Prc ha agito al riparo del semestre bianco: ovvero di uno scioglimento delle camere per convocare nuove elezioni che presumibilmente avrebbero annientato i consensi e la rappresentanza del Prc, pregiudicandone forse irrimediabilmente il futuro. Smarrito con la scissione il bagaglio di esperienza dei quadri e degli eletti cossuttiani, la creatura partito affronta la crisi di sopravvivenza fisica più difficile; ma forse anche l'ultima prima di volgere finalmente l'attenzione fuori da sé.

Di nuovo della rottura si cerca il maggior fragore più che l'irreparabilità. Ma oltre che di una rottura si tratta di una vera e propria «svolta». È infatti la cesura definitiva con il totem del governo e del frontismo ereditato dal Pci. È la presa d'atto del fallimento del governo Prodi su cui si discute e ci si accapiglia ancora. Ma insieme è anche la consapevolezza che nel passaggio di secolo, nella stagione di un bipolarismo non meno forte al riemergere delle identità, l'esercizio del negoziato e dell'«egemonia» non si misura più sulle quote proporzionali di rappresentanza istituzionale.

Protetta dal semestre bianco, a Rifondazione si conta nel mazzo una carta per rientrare nei giochi attraverso l'elezione del presidente. Si dice che potrebbe trattarsi di Prodi, che invece sarà dirottato alla guida della commissione europea: tra le varianti del risiko politico, l'approdo dell'ex premier al colle con il sostegno delle sinistre unite è ritenuta un'opzione che potrebbe riaprire il dialogo su un governo più sbilanciato a sinistra.

Ma la maggioranza del primo governo di un postcomunista, quello di Massimo D'Alema, è retta dal trattino chiesto da Francesco Cossiga al centrosinistra e purificata dall'assunzione degli impegni di guerra nei Balcani. La candidatura del professore atterra dunque ben prima che il Quirinale sia appannaggio di Carlo Azeglio Ciampi, presidenza sulla quale oggi Bertinotti esprime un giudizio lusinghiero ma che non votò, tanto da far capire da subito che gli effetti della crisi del centrosinistra saranno profondi.

La guerra che scoppia il 24 marzo – già autorizzata dal governo Prodi – lo conferma. L'allora capogruppo dei Ds Fabio Mussi patisce in tutti i sensi a tenere i deputati Ds nei ranghi. Pdci e Verdi si schierano contro l'intervento, ma restano nel consiglio dei ministri. Rifondazione manifesta: non insieme alla Cgil ma alla Fiom, con cui peraltro i rapporti sono tesi dal momento della rottura con Prodi, quando due pullman di tute blu bresciane andarono da Bertinotti per farlo ricredere.

Il leader del Prc effettua una torsione movimentista che in parte si presagiva e che trova terreno fertile in una parte di cultura non più presente nel partito. Anche perché la scissione ha colpito in modo significativo il tessuto dei quadri intermedi e di base che reggeva il territorio rappresentando il collante organizzativo del partito. Con lo scisma cossuttiano, in altre parole, il feticcio del «partito di massa» tradizionalmente inteso si dissolve per sempre.

La contestazione nell'urna europea

Ancora una volta la risposta bertinottiana è duplice. Da un lato il ricambio premia le nuove leve (è il caso di molti giovani segretari di federazione) e spinge sul pedale movimentista per pompare ossigeno nelle acque bassissime in cui nuota il Prc. Dall'altro lato c'è un drastico giro di vite delle regole e dell'organizzazione interne.

Allo scopo di varare il riassetto interno, si svolge a marzo un quarto congresso in edizione straordinaria. «Un'alternativa di società» è la parola d'ordine delle assise in cui la composita maggioranza bertinottiana (di cui fanno parte anche l'area dell'*Ernesto* e quella di Maitan) si fronteggia con la minoranza di sinistra. La scelta di rottura con il centrosinistra è assunta, e insieme ad essa quella di un'impraticabilità dell'alternativa attraverso il sistema politico: il che da un lato sposta l'attenzione verso la società, ma dall'altro propone una messa in discussione intransigente del bipolarismo da scardinare. Anche se la partita vera del congresso straordinario si gioca tutta negli equilibri interni alla maggioranza, avvisaglia dei riposizionamenti che formeranno l'articolazione attuale del Prc, tanto che tutti gli organismi elettivi lievitano significativamente per spinta trasversale di cordate territoriali e correntizie.

Bertinotti ne esce più che mai leader, e tuttavia per niente immune dal condizionamento delle altre componenti di maggioranza. È comunque sul solo segretario che si incentra la campagna elettorale delle europee: sulla base della posizione contro la guerra in Kosovo – tanto più vantaggiosa in quanto le voci critiche di Pdci e Verdi hanno continuato ad appoggiare il governo – ci si aspetta un 5-6 per cento che fughi i dubbi sulla sopravvivenza politica del Prc indotti dalla crisi con Prodi. Invece è un tracollo, Rifondazione subisce nell'urna la vendetta del popolo di sinistra ferito per lo strappo incompreso con Prodi: il 4,3 per cento viene drenato con 1.515.328 voti. Secondo tutti gli analisti, i voti in uscita vanno in parte al Pdci (2 per cento) ma in parte maggiore verso il ritiro che poi caratterizza e inaridisce la seconda fase del centrosinistra ulivista: quella in cui, di fronte a una minaccia di sciopero generale da parte della Cgil, Palazzo Chigi controminacciava le dimissioni dell'esecutivo.

Un esito «pesantemente negativo», riconosce Bertinotti. Che accelera la riflessione sull'inadeguatezza dell'organizzazione partito rispetto alle trasformazioni sociali, alla segmentazione ma anche alla formazione di coscienze critiche autonome, di fine millennio. Come del resto dimostra il successo dichiaratamente anti-partito di Emma Bonino (con un clamoroso 8,5 per cento che farà impazzire tutti).

Il vento di Seattle

Più che dalla scissione cossuttiana, la «ricerca» bertinottiana parte da quello schiaffo elettorale. Si convoca per il febbraio del 2000 una conferenza di organizzazione, ma le ricette per una riaggregazione politica dei mille rivoli della critica e della ribellione contemporanei, e sempre più refrattari alla dimensione ideologica, non sfornano molto. Benché a dicembre del 1999 cominci a spirare forte da Seattle la critica a quella globalizzazione neoliberista che vuole la fine della storia: una contestazione esercitata nel rifiuto di un ideologismo speculare e nel cuore *liberal* dell'Impero.

Ricomincia di qui il confronto interno alla maggioranza bertinottiana che in due congressi porta fino a oggi. L'esigenza di una soluzione di continuità con «il comunismo novecentesco», che apra i cancelli arrugginiti al protagonismo delle nuove generazioni che percepiscono quella storia come un mausoleo oppressivo, viene messa nero su bianco da Bertinotti in un libro intervista con Alfonso Gianni. Prende corpo il vagheggiamento della «sinistra di alternativa», ma nelle forme incompiute che ancora oggi ne caratterizzano i profili da più parti proposti, perché allo stesso tempo si conferma l'irrinunciabilità alla forma partito. Tenere insieme questa dicotomia è tuttora una delle ostinate incoerenze bertinottiane: altrettanto postmoderna quanto devota a totem troppo cari.

Del resto, il partito deve ancora superare l'ultima prova di sopravvivenza: le politiche del 2001 alle quali si presenta diviso dal centrosinistra, e quindi sotto la minaccia del «voto utile» oltre che del non voto punitivo. Si sceglie la formula della «non belligeranza»: i candidati del Prc non si presentano nei collegi della camera per non ostacolare quelli ulivisti, la rappresentanza è limitata alla quota proporzionale e ai senatori. Il prezzo è ancora salato: 1.868.113 voti consentono il raggiungimento del 5 per cento (la soglia di sbarramento è al 4). Ma il milione e 300 mila voti in meno rispetto a cinque anni prima sono un travaso duplice rispetto ai 600 mila andati al Pdci.

GENOVA RIAPRE IL CONFRONTO

Il confronto/scontro interno si rianima alla vigilia del G8 di Genova e della mobilitazione, non soffocata nonostante il sangue, del Social forum. Da Porto Alegre soffia forte e calda la sperimentazione «partecipativa» su cui sta investendo l'area bertinottiana, organizzazione giovanile in testa, secondo un protocollo di presenza non egemonica nel movimento. È il terreno entro il quale cominciano a riannodarsi anche i fili delle relazioni a sinistra: con l'Arci piuttosto che con i Verdi o le sinistre Ds, con la Fiom e poi la Cgil. Anche nello stivale, del resto, la ripresa del conflitto e del Prc spira dal Mezzogiorno: a marzo del 2001 c'è stato il Global Forum sull'informazione a Napoli (malmenato dal governo ulivista); ma è anche l'anno in cui si registra l'incremento elettorale che dalle regioni meridionali favorisce il superamento dello sbarramento e il contemporaneo aumento delle iscrizioni in quell'area. Verrà dall'esperienza dirigente su quei territori – e poi dalle lotte di Melfi, Scanzano, Acerra – anche parte consistente della nuova leva.

Bertinotti indica, non senza l'enfasi che gli è propria, il «movimento dei movimenti» come nuovo soggetto della trasformazione. La presa di distanza dell'*Ernesto* viene esplicitata a luglio attraverso le colonne del *manifesto* nel segno di una riproposizione della centralità della contraddizione capitale-lavoro messa in discussione dalle sirene movimentiste del segretario, aprendo di fatto la corsa verso il quinto congresso dell'anno successivo. Il segretario controreplica annunciando una «svolta a sinistra» del modello organizzativo del partito che deve aprirsi alle nuove istanze, attaccando «conservatorismi» e «residui di stalinismo» rispetto ai quali chiede un taglio drastico, aprendo di conseguenza alla legittimazione del dissenso interno che sarà sancita dal congresso.

Lo scontro si ripropone anche nelle votazioni congressuali. L'analisi del segretario chiude anche sul piano teorico con il secolo passato, con l'idea leninista della presa del potere da parte di un'avanguardia, rimettendosi alla dinamica dei movimenti sociali. «Rompere la gabbia del centrosinistra» diventa la premessa necessaria a una rigenerazione politica e sociale che favorisca la formazione di una ancora magmatica «sinistra di alternativa». Ma insieme è anche rompere con lo stalinismo, con il partito identitario, con il primato esclusivo della contraddizione capitale-lavoro e – soprattutto – con come è stata declinata nella scolastica. E con già un embrione di riflessione sulla nonviolenza, innescata dalle polemiche suscitate da una manifestazione per la Palestina aperta da un gruppo che indossava finte cinture esplosive. Le votazioni sui punti chiave del congresso stabiliscono già gli assetti interni: l'area bertinottiana al 59 per cento, l'*Ernesto* intorno al 29, la minoranza trotzkysta al 13.

Ritorno di fiamma

Intanto continua a evolversi rapidamente il quadro esterno. L'11 settembre introduce i germi del conflitto di civiltà e della guerra e del terrorismo che se ne alimentano. Il contemporaneo giro di vite sociale dei governi di destra riaccende il conflitto.

La «superpotenza» rappresentata – secondo la definizione del *New York Times* – dal movimento della pace sospinge tutte le forze del centrosinistra e Prodi a schierarsi contro la guerra in Iraq e alla ridislocazione di pezzi interi del ceto politico. Anche perché la minaccia rappresentata da Sergio Cofferati come interlocutore e leader politico di quei processi – venuto alla ribalta sull'onda pacifista e della difesa dei diritti sociali – si è autodisinnescata in virtù dell'incapacità da parte dell'ex leader della Cgil di uscire dalle proprie obbedienze culturali e di partito. La vittoria in Spagna di Zapatero riscalda ulteriormente la temperatura del vento critico rispetto alle virtù taumaturgiche del dominio occidentale (più che del mercato), e la stessa aria continua a spirare dal Latinoamerica.

Nel frattempo anche la rifondazione bertinottiana ha mosso ulteriori passi, compreso uno strappo significativo con una parte dei movimenti *disobbedienti*. A partire dalla questione della nonviolenza ma non solo, vista l'esclusione dagli scranni di Strasburgo di Nunzio D'Erme, che non aveva demeritato, dato il contributo di disobbedienza al risultato delle europee 2004, dove il Prc riguadagna il 6,2 per cento e quasi 2 milioni di voti. Le europee sono anche il battesimo per il nuovo contenitore della Sinistra europea, fortemente voluto dalla maggioranza bertinottiana fuori dai soli confini comunisti.

Da Genova fino alle grandi manifestazioni pacifiste, passando per la mobilitazione sociale contro il governo Berlusconi, il tessuto della sinistra ha ricostruito molte connessioni. È intanto ripresa la frequentazione con Prodi. Nell'estate 2004 il professore fa dunque il suo applaudito ingresso alla festa nazionale di *Liberazione* per un faccia a faccia con il segretario. La ferita è sostanzialmente rimarginata.

Autonomia è democrazia

Attraverso il ragionamento sulla nonviolenza e la discriminante del rifiuto della guerra si riaprono forti canali del dialogo con il resto del centrosinistra. E se la nonviolenza nasce come scelta del movimento rispetto alla repressione di Genova, Bertinotti assume l'accoppiata autonomia (del progetto) e democrazia (nella scelta dei risultati unitari) come bussola dell'azione politica di Rifondazione, archiviando quindi il modello negoziale.

È un atteggiamento con cui la maggioranza bertinottiana affronta, anche sul piano interno, il sesto congresso che si chiude a Venezia: andando perciò alla conta con tutte le componenti. Il segretario si misura con le assise contando di guadagnare il successo: tra i 691 delegati in laguna otterrà il 59,18 per cento dei consensi, contro il 26,17 dell'area dell'*Ernesto*, il 6,51 della mozione Ferrando, il 6,5 della mozione Malabarba-Cannavò, l'1,64 della mozione Bellotti. Bertinotti trae il consenso soprattutto da Campania, Puglia, Sicilia, Lazio e Toscana; le roccaforti dell'*Ernesto* sono Calabria e Piemonte; l'Emilia è spaccata come una mela; sebbene si equivalgano, la sinistra di *Erre* è più radicata nelle aree metropolitane e quella di Ferrando più diffusa sul territorio. Lo spirito di solidarietà, poi, non oscura il fatto che nella stessa area bertinottiana convivano culture differenti (benché non più rapportabili alle sigle di provenienza), legittime aspirazioni personali e conflittualità generazionali o calcificate.

Il monito rivolto da Bertinotti dal palco del Palalido di Venezia – «Venite a prendermi, perché io armi non ne ho» – è perciò indirizzato all'interno non meno che all'esterno. E, più che un'unità di misura della svolta nonviolenta, attiene alle formule della democrazia: cioè alla cesura definitiva con l'investimento leninista sulle avanguardie, con la «sopraffazione» delle minoranze organizzate rispetto alla prevalenza condivisa; e perciò anche con i veti delle minoranze interne alle maggioranze, che la tradizione voleva protagonisti della ricomposizione secondo la formula classicissima della «sintesi unitaria».

Lungo quella stessa strada tramontano l'impostazione negoziale e l'idea dei paletti irrinunciabili anche rispetto all'eventuale maggioranza di governo. Del resto, si è già aperto il sipario sull'esperimento delle primarie, con il successo di Nichi Vendola in Puglia. Le regionali di primavera non premiano però lo sforzo di Rifondazione né la stessa attenzione che le viene rivolta dagli ambienti esterni. Il Prc si ferma al 5,6 per cento nel riepilogo della media nazionale (in questo caso il numero di voti assoluti ha bisogno di essere paragonato su base regionale), non riuscendo a fare significativi passi avanti nelle aree di grande visibilità – come il Mezzogiorno e la Puglia dov'è candidato Vendola – ma consolidandosi abbastanza nelle regioni rosse.

Le primarie

Sempre in osservanza di quell'accoppiata – autonomia e democrazia – Bertinotti ribadisce tuttavia il suo no alle ipotesi di cartello elettorale o federazione delle sinistre non riformiste, preferendo scegliere l'Unione come campo di riferimento e giocare al suo interno la partita per uscire dalla minorità sancita dai numeri elettorali e prevalere su alcuni assi tematici e programmatici.

L'impostazione viene riconfermata a maggior ragione dopo le regionali, dal momento che l'accantonamento della lista unitaria riformista e il correlato riemergere di pulsioni neocentriste aprono un nuovo scenario. Da un lato per Bertinotti è plausibile, anche se non automatico, che le sinistre facciano massa critica e si dissacri il dogma dell'esclusiva moderata sulla leadership e sul governo; dall'altro questo meccanismo riapre orizzonti proporzionalisti per il sistema politico. Nel mezzo c'è il ricongiungimento tra le classi dirigenti e il popolo: attraverso l'esercizio elettorale, anche in forma plebiscitaria, e le discriminanti programmatiche.

Di qui la pista battuta con tenacia delle primarie. Se infatti la forma partito è ancora nel guado della transizione necessaria a restituirle insieme capacità di manovrare e cessione di sovranità ai movimenti sociali – come per altro dimostrano i risultati elettorali –, le primarie diventano per Bertinotti l'ennesimo snodo di un percorso di rifondazione presumibilmente senza possibilità di fine.

2. PROGETTO PER L'ITALIA: I PRINCIPI E LE AZIONI DELL'UNIONE

Questo è il progetto nel quale l'Unione si riconosce e che propone alle italiane e agli italiani per la rinascita del paese, per un futuro di pace, di giustizia, di libertà, di benessere.

Questo è il progetto al quale i candidati alle consultazioni primarie fanno riferimento nell'indicare le proprie priorità programmatiche.

Questo è il progetto che quanti partecipano alle primarie come cittadini elettori dichiarano di condividere.

Costituzione

La Costituzione, i valori fondamentali che la ispirano e i diritti e i doveri che essa definisce sono il fondamento della Repubblica Italiana.

L'Unione si impegna a contribuire ad attuare pienamente i princìpi della Costituzione che va difesa, protetta e fatta conoscere come elemento costitutivo dell'identità stessa della democrazia italiana.

È la fedeltà ai valori di fondo della nostra Costituzione che potrà permettere di aggiornarla per rispondere alle nuove esigenze della società italiana, garantire una democrazia più efficiente, agevolare nuove forme di partecipazione, rendere il sistema delle istituzioni più equilibrato ed efficace nei rapporti tra Stato, regioni e autonomie locali.

Europa

L'Italia è legata all'Europa da una scelta irreversibile.

L'Europa unita, terra di diritti, realtà politica, economica ed istituzionale, offre il quadro di riferimento per lo svolgimento del nostro progetto nazionale, permette di costruire un'area di pace e stabilità che con l'allargamento si va estendendo all'intero continente, garantisce la migliore speranza di incidere sugli equilibri internazionali per edificare un mondo più giusto.

Per l'Italia, interesse nazionale ed interesse europeo coincidono.

Per questo, l'Unione si impegna a promuovere e a sostenere una forte integrazione economica, sociale e territoriale dell'Europa, garantita da istituzioni comuni al fine di far crescere l'occupazione e migliorare la qualità della vita dei cittadini.

In questo contesto, la scelta e la realtà dell'euro sono irreversibili e richiedono una coerente gestione delle politiche economiche nazionali.

L'Unione si impegna a favorire l'adozione su scala nazionale ed europea di politiche capaci di assicurare una più forte coesione sociale, di ridurre disparità e disuguaglianze, di contribuire affinché l'Europa si affermi come un'area competitiva e all'avanguardia nell'economia della conoscenza. È questa la via per rispondere alle aspettative, alle ansie e alle delusioni dei cittadini europei, per assicurare loro un futuro sostenibile di pace, di giustizia, di progresso e di sviluppo.

Pace, giustizia e libertà

La promozione della pace, della giustizia e della libertà tra tutte le genti è per noi un obiettivo e un dovere.

La pace fra le nazioni è un valore fondamentale iscritto nella nostra Costituzione. Essa può radicarsi in un mondo più giusto e il mondo sarà più giusto quando chiunque lo abiti sarà messo in condizione di esprimere tutte le sue capacità e sarà libero di scegliere il proprio destino. A questo valore della pace l'Unione resterà fedele e coerente.

Il nostro punto di riferimento è l'articolo 11 della Costituzione. *«L'Italia ripudia la guerra come strumento di offesa alla libertà degli altri popoli e come mezzo di risoluzione delle controversie internazionali; consente, in condizioni di parità con gli altri Stati, alle limitazioni di sovranità necessarie ad un ordinamento che assicuri la pace e la giustizia fra le Nazioni; promuove e favorisce le organizzazioni internazionali rivolte a tali scopi»*.

Le Nazioni Unite, che sosterremo nel loro sforzo di rinnovamento e di adeguamento alla realtà di un mondo profondamente cambiato, sono la fonte della legittimità internazionale.

L'Unione Europea è la realtà attraverso la quale vogliamo essere protagonisti nel mondo.

Il rispetto degli impegni derivanti dai trattati e dalle convenzioni internazionali liberamente sottoscritti è un elemento essenziale della nostra azione, ispirata ai principi della pace e della sicurezza nel quadro del multilateralismo.

Il rilancio delle politiche di cooperazione allo sviluppo costituisce una componente fondamentale di una politica internazionale attenta e sensibile alle esigenze di un più equo e sostenibile rapporto tra il Nord e il Sud del mondo.

Sicurezza, democrazia e lotta al terrorismo

L'Unione considera la sicurezza individuale e collettiva come un bene essenziale che le istituzioni debbono garantire.

Questo è tanto più vero in un momento nel quale il terrorismo, nemico dell'umanità intera, porta violenza, distruzione e morte nel mondo.

Contro il terrorismo, per contribuire ad un mondo più sicuro e più giusto, per garantire la protezione dei propri cittadini e del proprio territorio nazionale, l'Italia deve promuovere e contribuire ad un'azione comune dei paesi europei e rendersi disponibile ad una stretta cooperazione su scala internazionale che veda partecipi i paesi arabi.

Consapevole che nulla valga più della vita, l'Unione è e sarà impegnata con tutte le proprie energie a contribuire a questo sforzo.

Il valore della sicurezza non può e non deve, tuttavia, mai essere messo in contrapposizione con il valore fondamentale della democrazia. La società italiana è e vuole restare una società capace di conciliare sicurezza e libertà nella difesa dello Stato di diritto.

I valori di libertà, di rispetto della dignità delle persone, di giustizia sociale costituiscono il fondamento stesso della nostra idea di democrazia e della nostra convivenza civile.

Reagire al declino. Una nuova economia, una nuova qualità ambientale, una nuova società

L'Italia ha le energie necessarie per superare la crisi. Per tornare a crescere sono indispensabili una grande mobilitazione di tutti gli italiani e un profondo cambiamento capace di tenere insieme l'economia, la società e la qualità ambientale.

L'aumento dell'occupazione, il miglioramento delle condizioni di vita, una redistribuzione a favore delle realtà sociali che più hanno sofferto per la perdita del potere d'acquisto costituiscono condizioni essenziali per il rilancio del paese.

L'equilibrio della finanza pubblica dovrà essere ristabilito per fornire un quadro sicuro e stabile alle politiche pubbliche, ai consumi e agli investimenti privati rilanciando la competitività del sistema produttivo. Su questi obiettivi sarà definita la corresponsabilità dei diversi livelli di governo e ricercato il più ampio consenso delle parti sociali.

L'Unione si impegna a un rapido riorientamento delle politiche fiscali con obiettivi di lotta all'evasione e al sommerso, di equità e progressività, di sostegno alla produzione, al reddito, alle famiglie e alle politiche ambientali. Verranno assunte le iniziative necessarie a contrastare i privilegi legati alla rendita, le rendite di posizione e le distorsioni derivanti dai monopoli pubblici e privati.

L'Unione assume la sfida ambientale come occasione per la tutela e la conservazione del territorio e delle risorse naturali a partire dall'agricoltura e come opportunità di innovazione produttiva, di uso razionale dell'energia, di valorizzazione del territorio, di riqualificazione urbana, di espansione dei servizi.

Le politiche infrastrutturali e della logistica dovranno essere individuate in un quadro di programmazione e con meccanismi di decisione e finanziamenti partecipati, efficienti e certi.

L'Unione proporrà e sosterrà politiche industriali per rilanciare la produttività e qualificare l'impresa di fronte al nuovo ciclo tecnologico, alla necessaria evoluzione della nostra specializzazione produttiva, all'internazionalizzazione.

L'assoluta priorità sarà riservata al circuito della conoscenza: all'istruzione, alla formazione lungo tutto l'arco della vita, alla ricerca, al trasferimento tecnologico, all'innovazione.

Il lavoro dovrà ritrovare centralità ed essere rafforzato, promuovendo l'occupazione, contrastando la precarietà e sostenendo la qualità professionale. In particolare, dovranno essere mobilitate le risorse della nuova generazione, delle donne e degli anziani con politiche di promozione, di tutela sociale e con programmi pubblici per i servizi e per l'abitazione.

Attraverso la progressiva acquisizione dei diritti di cittadinanza potrà venire dall'immigrazione regolare un contributo nuovo al futuro del Paese in termini di crescita, di sostenibilità del welfare, di avanzamento della cultura della convivenza.

Sarà di peculiare responsabilità pubblica la garanzia dell'universalismo nella risposta ai diritti e ai bisogni fondamentali degli individui e delle famiglie, a cominciare dall'istruzione e dalla salute.

L'Unione si impegna a politiche attive per contrastare le povertà vecchie e nuove e ogni forma di esclusione sociale.

Sulla base di questi essenziali riferimenti dovranno essere rinnovate e rafforzate le politiche di welfare per garantirne la sostenibilità, la flessibilità, l'attenzione ai nuovi bisogni e per mobilitare nuove risorse sociali e private.

L'Italia di domani dovrà avere, assieme, più politiche pubbliche e più mercato, con una forte attenzione al contributo del volontariato e del mondo del no-profit. Le politiche pubbliche dovranno affermarsi in termini di grande orientamento e di tutela dei beni comuni e delle risorse collettive; il mercato dovrà essere il luogo della trasparenza e delle regole, dello sviluppo dei beni e dei servizi, della presenza attiva dei consumatori.

La semplificazione delle regole della Pubblica Amministrazione e dei suoi rapporti con i cittadini è una componente e una condizione di più efficaci politiche pubbliche.

Il Mezzogiorno

Il Mezzogiorno e i suoi giovani sono la grande opportunità del Paese. Il Sud, in una stagione nella quale il Mediterraneo può ritornare protagonista dell'economia e della geo-politica mondiale, è la vera sfida economica, sociale e culturale dei prossimi anni.

L'Unione si impegna per politiche di riequilibrio economico e occupazionale e di coesione sociale.

Una nuova stagione della legalità e la lotta contro ogni forma di criminalità organizzata sono condizione essenziale per il rilancio del Mezzogiorno e per la tutela e la valorizzazione del territorio e dell'ambiente.

Nuove conoscenze, nuove competenze e nuova imprenditorialità rappresentano gli investimenti strategici e la migliore speranza per il Sud, per i suoi giovani, per l'Italia.

Giustizia e legalità

La giustizia e la legalità sono valori essenziali di una convivenza civile e democratica. Esse sono condizione indispensabile perché il potente e il prepotente non prevalgano, il debole non sia schiacciato, ogni cittadino sia libero dalla paura e tutelato nei suoi diritti, lo Stato di diritto si affermi sempre.

La lotta alla criminalità, alla corruzione e all'evasione fiscale sono un dovere dello Stato e delle istituzioni.

In questo contesto si colloca il diritto fondamentale dei cittadini ad una magistratura autonoma ed indipendente.

Non ci possono essere, tuttavia, né vera giustizia né vera eguaglianza dei cittadini di fronte alla legge se la giustizia stessa non è amministrata con tempi certi e rapidi.

La certezza del diritto e della sua applicazione è elemento essenziale del vivere civile e dello sviluppo.

La correttezza, la trasparenza e la sobrietà dei comportamenti della politica sono condizione necessaria di una convivenza ordinata e rispettosa e per un rapporto di fiducia tra cittadini e istituzioni.

Bioetica e temi eticamente sensibili: nuovi diritti e nuove responsabilità

Sui temi eticamente sensibili come quelli della bioetica la politica si trova oggi su una nuova frontiera. Essa è chiamata a pronunciarsi con gli atti legislativi richiesti per regolare fenomeni che pongono problemi nuovi alla società e interpellano le coscienze.

Su questi temi, l'Unione si impegna a legiferare con attenzione, fedele al principio della laicità dello Stato, attenta all'equilibrio tra le libertà e le responsabilità delle persone, nel rispetto dei convincimenti etici e religiosi di ciascuno, aperta all'ascolto e al dialogo.

Sul tema dei nuovi diritti e delle nuove responsabilità che emergono in una società che cambia, l'Unione si impegna a promuovere strumenti giuridici capaci di offrire adeguata e giusta tutela alle esigenze della comunità e ai diritti civili e sociali delle persone.

Supplemento al numero odierno de *il manifesto*
Iscrizione al n. 13812 del Registro Nazionale della Stampa
Tribunale di Roma
Sede legale Via Tomacelli, 146 - 00186 Roma

Distribuzione in edicola
REDS rete europea distribuzione e servizi
Via Bastioni Michelangelo 5A - 00192 Roma

Distribuzione in libreria
PDE, Via Forlanini 36 - 50019 Sesto Fiorentino (FI)

Finito di stampare nel mese di settembre 2005
dallo Stabilimento Grafico Fratelli Spada Spa
Via Lucrezia Romana, 60 - Ciampino (Roma)